포스트 자본주의

-과학·인간·사회의 미래-

히로이 요시노리 지음 | 박제이 옮김

일러두기

1. 이 책은 국립국어원 외래어 표기법에 따라 일본어를 표기하였다.

2. 일본 인명, 지명은 본문 중 처음 등장할 시에 한자를 병기하였다.
   *인명
     예) 이토 슌타로伊東俊太郎, 네기시 에이이치根岸英一
   *지명
     예) 하카타博多, 후쿠시마福島

3. 어려운 용어는 독자의 이해를 돕기 위해 주석을 달았다. 역자 주, 편집자 주로
   구분 표시하였으며, 나머지는 저자의 주석이다.
   *용어
     예) 백화요란百花燎亂(온갖 꽃이 불타오르듯 피어 매우 화려함–편집자 주)
        셔터 거리シャッター通り(다수의 상점이 폐쇄하여 셔터를 내린 퇴색한 상점가–역
        자 주)

4. 서적 제목은 겹낫표(『』)로 표시하였으며, 그 외 인용, 강조, 생각 등은 따옴표를
   사용하였다.
   *서적 제목
     예)『무한론의 형성과 구조無限論の形成と構造』,『행복의 정치학The Politics of
        Happiness』

5. 본문의 영문명조는 한겨레 결체를 사용하였다.

'포스트 휴먼'과 전뇌 자본주의

「트랜센던스」라는 영화가 2014년에 개봉하여 작은 화제를 모았다. 조니 뎁이 인공지능AI 연구자로 분한 영화다. 조니 뎁이 죽자 그의 아내가 남편의 뇌를 컴퓨터에 인스톨하는데, 머지 않아 그의 두뇌가 진화하여 폭주를 시작한다는 황당무계한 이야기다(다만 영화 마지막 부분에 '자연 혹은 우주적 생명으로의 회귀'라는 모티프도 등장하므로, 그저 황당무계하다고 치부하기 어려운 측면도 있지만).

사실 이 영화의 콘셉트는 미국의 미래학자 레이 커즈와일Ray Kurzweil이 오래전부터 연구하고 있는 '기술적 특이점Singularity'을 둘러싼 논의가 토대를 이룬다. 커즈와일은 가까운 미래에 다양한 기술(특히 유전학, 나노기술, 로봇공학)이 발달 및 융합하며 비약적으로 발전한다(=기술적 특이점)고 주장했다. 또한 고도로 발달한 인공지능과 개조된 인체를 지닌 인간이 결합한 최고의 존재가 탄생할 것이며, 나아가 인간의 의식이 정보 소프트웨어로서 영원히 존재함에 따라 인간이 죽음을 초월한 영원한 정신을 얻을 것이라고 예견한다(커즈와일, 2007). 이른바 컴퓨터의 '2045년 문제'라 불리는 주제다.

이러한 미래 예측은 앞서 말한 영화보다 더 황당무계하게 들릴지도 모르지만, 커즈와일뿐 아니라 미국에서는 관련한 주제—인간 진화의 다음 단계로서 '포스트 휴먼'론이라고 불린다—가 다양한 문맥에서 폭넓게 논의되고 있다. 그중 의료기술에 의한 인체개조에 관해서는 부시 정권 시절에 발표된 미국의 대통령 생명 윤리 평의회 보고서「치료를 넘어서Beyond Therapy: Biotechnology and the Pursuit of Happiness」(2003)에서 이 주제가 구체적인 생명 윤리의 문제로서 논의되었다.

가령 정신 의료의 영역에서는 PTSD(외상 후 스트레스 장애-역자 주) 트라우마를 경감하기 위해 '기억을 둔화'하거나 '기분을 좋게' 하는 향정신성 의약품을 어디까지 허용해야 하느냐는 화제도 논의되고 있다. 필립 K. 딕Philip Kindred Dick의 소설『안드로이드는 전기양의 꿈을 꾸는가?』에서는 미래 세계에서 인간이 자신의 감정을 그때의 기분에 맞춰 조절하는 '기분 조절 오르간'이라는 기계가 나온다.

한편, 성격은 다르지만 일본에서도 만화나 애니메이션의 세계에서 이러한 주제는 다양한 형태로 다뤄졌는데—이러한 화제에 대해서 나는 학생들에게 배우는 경우가 많다—, 특히『공각기동대攻殻機動隊』같은 작품은 전 세계적으로도 영향을 끼치고 있다.

개인적인 추억을 소개하자면, 나는 1980년대 말에 대학원생으로 2년을, 그리고 2001년에는 객원연구원으로 1년을 미국 MIT(매사추세츠공과대학교)에서 보냈다. 특히 1980년대 말 미국에 체재하던 시기에는 일종의 'AI 붐'이 일었고, 인공지능에 무한한 가능성이 있다는 논의(그것에 대한 반론도 포함하여)가 활발했다. 그후 그러한 논의는 약간 잦아든 듯 보이지만, 최근에 앞서 말한 커즈와일의 주장을 포함한 논의가 다시 활발해졌다.

여기에서 거론된 주제를 굳이 일반화하자면, 과학과 기술의 발전이 인간에게 무엇을 가져다줄 것인가, 혹은 과학·기술과 경제 그리고 자본주의와의 관계란 무엇인가, 라는 문맥으로 파악할 수 있을 것이다.

즉 나중에 다시 훑어볼 테지만 뒤돌아보면 1970년대에는 환경과 자원 문제에 대한 관심이 높아짐에 따라 '성장의 한계'도 논의되었다. 하지만 1980년대 이후 다시금 금융 국제화를 통해 자본주의가 전 지구적 양상으로 전개된 것은 다름 아닌 (인터넷을 포함한) 정보 관련 기술의 발전과 무관하지 않다. 그것은 가령 1초 동안 수천 번의 금융 거래가 이루어지는 등 인터넷상에 무한한 금융 공간이 생성된 것과 궤를 같이한다. 그러한 방향의 취약성 혹은 한계가 2008년의 리먼 사태를 초래했음에도, 다시금 앞서 언급한 커즈와일의 차세대 기술 돌파론 등이 고개

를 들고 있다.

가까운 일본을 보자면, 아베 정권은 일관적으로 금융정책 주도의 성장전략을 펼쳐왔다. 본문에서 논의한 바와 같이 '아베노믹스'가 지향하는 금융시장의 '무한한 전뇌 공간'과 커즈와일이 그리는 '의식의 무한화' 비전은 궁극적으로 방향성이 같다.

지금까지의 논의에서 시사한 것처럼, 근대과학과 자본주의는 한없는 '확대·성장'의 추구라는 공통분모를 지닌다. 따라서 둘은 수레의 양 바퀴 같은 관계다. 하지만 지구 자원의 유한성과 격차 심화 등으로 미루어보건대, 그러한 방향성 추구가 반드시 인간에게 행복이나 정신적 충족을 가져다주지는 않는다는 사실을 사람들이 더욱 강하게 느끼기 시작한 것이 현상황이라 할 수 있다.

이렇게 생각해보면 커즈와일이 말하는 '특이점'이란 그의 주장과는 다르게 우리가 살아가는 시대가 인류사에서도 꽤 특이한 시기, 즉 '성장·확대에서 성숙·정체화'로 크게 이행하는 시기라는 사실이다. 그것이 바로 하나의 긍정적인 가능성이자 희망이다.

이때, 자본주의라는 시스템이 불가피하게 부단한 '확대·성장'을 전제로 삼아야 한다면, 성숙·정체화로의 이행은 어떤 의미에서 자본주의와는 이질적인 원리나 가치를 내포하는 사

회상을 요구하는 일이다. 이러한 문맥에서 사고의 근본으로 거슬러가는 형태로 현재 요구되는 것이, 바로 새로운 과학 및 가치와 한 몸을 이루는 '포스트 자본주의'라는 사회 구상이 아닐까.

나아가 불행인지 다행인지 인구 감소 사회의 '세계 선두주자'인 일본이야말로 그러한 성숙 사회의 새로운 풍요를 선도할 위치에 있다고 볼 수 있지 않을까.

이 책의 기본 취지는 그런 가능성에 대한 비전을 그려나가는 것이다. 따라서 이 책은 크게 다음과 같은 흐름으로 전개하려 한다.

우선 서장에서 본서 전체를 꿰뚫는 문제의식과 인식의 틀을 제시한다. 이어지는 제1부 '자본주의의 진화'에서는 '애초에 자본주의란 무엇인가'라는 화제를 비롯해 자본주의의 '발자취'를 과학과의 관계를 포함하여 새로운 시점으로 조명하려 한다. 또한 그것을 바탕으로 '전뇌電腦자본주의/초(슈퍼)자본주의'와 '포스트 자본주의'라는 좌표축에서 향후 전망을 논할 것이다. 제2부 '과학 · 정보 · 생명'에서는 자본주의/포스트 자본주의의 모습을 근본적으로 규정한 과학의 모습과, 그것을 통한 인간관 · 자연관 · 생명관의 방향을 과학사적 시점을 통해 파헤치려 한다.

이상의 내용을 바탕으로 제3부 '녹색 복지국가/지속 가능한 복지사회'에서는 향후 구상하고 실현해야 할 포스트 자본주의의 사회상을 시간 정책, 자본주의의 사회화, 그리고 커뮤니티 경제 등의 관점에서 구체적으로 그리고자 한다. 그리고 종장에서는 향후 과학의 방향성과 포스트 자본주의 혹은 정체형 사회의 가치인 '지구 윤리'에 대해 고찰하려 한다.

이제 새로운 사회 구상과 과학의 모습을 살피러 탐험 여행을 떠나보자.

목차

인류사의
확대 · 성장과 정체화

―포스트 자본주의를 둘러싼 좌표축―

확대 · 성장과 정체화를 둘러싼 세 가지 주기

머리말에서 과학과 경제의 관계를 설명하면서 '성장 · 확대에서 성숙 · 정체화'로의 이행이라는 주제를 언급했다.

그것을 큰 시야로 전망하기 위해, 또한 '포스트 자본주의'라는 이 책의 주제가 어떠한 역사적 문맥에 위치하는지를 확인하기 위해, 서장의 전반부에서는 인간의 역사를 '확대 · 성장'과 정체화라는 시점에서 다시 파악해보도록 하자. 나아가 후반부에서는 그것들이 포스트 휴먼posthuman론 및 향후 과학의 모습과 어떻게 연관 지어질지도 고찰해보고자 한다.

한편, 인류 역사를 크게 조감하면 인구나 경제 규모의 '확대 · 성장' 시대와 '정체화' 시대의 교체로 파악할 수 있다. 그것에는 다음과 같은 세 주기가 존재했다.

즉 제1 주기는 약 20만 년 전 우리의 선조인 현생 인류(호모사피엔스)가 등장한 이후의 수렵채집 단계이며, 제2 주기는 약 1만 년 전에 농경이 시작된 이후의 확대 · 성장기와 그 성숙기이고, 제3 주기는 주로 산업혁명 이후 최근 200~300년 전후의 확대 · 성장기다.

이러한 의미에서, 우리는 현재 '제3의 정체화' 시대를 맞이하느냐 마느냐는 분수령에 서 있다.

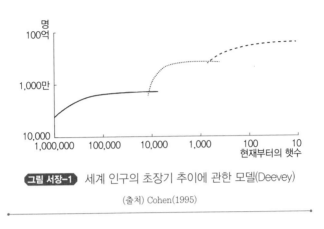

그림 서장-1 세계 인구의 초장기 추이에 관한 모델(Deevey)

(출처) Cohen(1995)

이 점에 대해 그림 서장-1을 살펴보자. 이것은 세계 인구의 장기적 추이에 대해 선구적인 연구를 진행한 미국의 생태학자 에드워드 디베이Edward Deevey의 가설적인 도식이다. 여기에는 세계 인구의 확대·성장 및 성숙·정체화에 관한 세 가지 주기가 나타나 있다. 디베이가 이 연구를 발표한 1960년대 이후, 초 장기적 세계 인구 추이에 대해서는 수많은 실증적 연구가 진행되어왔는데(종합한 것 중 하나로 Cohen(1995)), 내용이 이것과 크게 다르지 않다.

또한 이러한 인구추계를 바탕으로 1인당 GDP에 관한 대략적인 가정을 포함하여 미국의 경제학자인 브래드포드 드롱J. Bradford DeLong이 '세계GDP의 초장기 추이'를 추계한 것이 그림 서장-2다. 이것은 지극히 대략적인 것으로, 엄밀한 성격의

추이는 아니지만, 앞서 말한 세 가지 주기가 어슴푸레하게나마 나타나 있다.

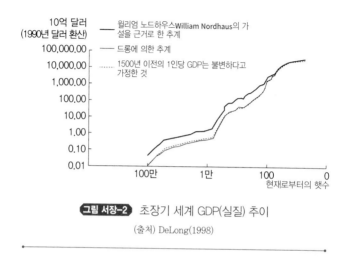

10억 달러
(1990년 달러 환산)

━━ 윌리엄 노드하우스William Nordhaus의 가설을 근거로 한 추계
── 드롱에 의한 추계
⋯⋯ 1500년 이전의 1인당 GDP는 불변하다고 가정한 것

그림 서장-2 초장기 세계 GDP(실질) 추이
(출처) DeLong(1998)

그런데 여기에서 조금 생각해봐야 할 것은, 이러한 인간 역사의 '확대·성장' 및 '정체화' 주기가 애초에 어떤 배경 혹은 원인에서 발생하는가 하는 점이다.

결론부터 말하자면 인간의 '에너지' 이용 형태, 혹은 약간 강한 표현을 사용한다면 '인간에 의한 자연의 착취 정도'에서 온다고 생각할 수 있다.

불행인지 다행인지 자연에서 영양분을 스스로 만들 수 있는 것은 식물뿐이며—이산화탄소와 물, 태양에너지로부터 유

기화합물을 합성하는 광합성 작용을 말한다. 그것을 인공적으로 시행하는 '인공광합성'에 대해서는 이 장 후반에서 다루기로 하자 —, 따라서 인간이나 동물은 식물(과 그것을 먹은 동물)을 먹음으로써 생명을 유지한다.

인간 역사를 돌아볼 때, 그것이 가장 소박한 형태를 취하는 것이 수렵채집 단계다. 아프리카에서 탄생한 호모사피엔스는 수렵채집의 무대를 찾아 각지로 확산했다(이것은 어떤 의미에서 최초의 '글로벌리제이션globalization'이라 할 수 있다).

얼마 지나지 않아 인류는 아마도 이러한 수렵채집만으로는 충분한 식량 확보가 곤란한(상대적으로 조건이 나쁜) 장소로 퍼져나갔을 것이다. 따라서 인류는 약 1만 년 전에 농경이라는 새로운 에너지 이용 형태를 시작하게 되었다. 비유적 혹은 현대적으로 말하면 농경이라는 행위는 논과 밭이라는 필드에 거대한 태양광 패널을 깔듯, 식물로 하여금 태양에너지를 빨아들이고 영양분을 만들게 하여 그것을 관리·수집하고 먹음으로써 자신의 영양분으로 삼는 활동이라 할 수 있다. 이렇듯 인간은 수렵채집보다 구조화된 '시간적 질서'의 세계를 살아가게 되었다.

이것은 동시에 수렵채집 단계보다 고차원인 '집단' 작업이나 공동체적 질서를 필요로 하는 것이다. 따라서 농경사회에서 계층이나 (부의 축적에 의한) 격차가 조금씩 생겨나는 것은 자연스러

운 흐름이었다. 그리고 농경의 시작은 식량의 증산과 함께 인구와 경제활동의 규모를 비약적으로 키우는 계기가 되었다(그림 서장-3). 이것이 인류사 제2의 '확대·생산'이며 (동남아시아[뿌리채소]와 중동[보리], 중국 양쯔 강 유역[벼] 등에서 발생한) 농경이 지구 각지로 전파된 것은 '제2의 글로벌리제이션'이었다고 할 수 있다.

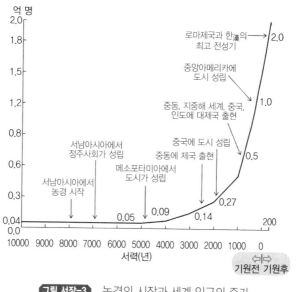

그림 서장-3 농경의 시작과 세계 인구의 증가

(출처) 클라이브 폰팅 Clive Ponting 『녹색 세계사』

농경은 그 확대·생산 과정에서 '도시'를 만든다. 결국 이러한 농경단계도 나중에 언급할 자원·환경의 제약에 부딪혀서

성숙·정체화한다(이 시기가 대략 우리가 '중세'라고 부르는 시대와 겹친다). 하지만 인류는 에너지의 이용 형태를 더욱 고도화하여, 바꿔 말하면 '자연의 착취' 정도를 강화하여 더욱 큰 확대·성장기로 접어들었다.

그것이 최근 200~300년 동안의 공업화 시대이며—혹은 '프로토 공업화' 등으로 불리는 준비기를 포함하면 400년 전후로 늘어난다. '근대'라 부르는 시대와 거의 겹친다(프로토 공업화에 대해서는 사이토斎藤(2008), 미즈시마水島(2010) 참조)—, 석탄과 석유의 대규모 개발과 사용이 핵심이다.

생각해보면 이들 '화석연료'는 문자 그대로 생물의 유해가 수억 년이라는 긴 시간에 걸쳐 지하에 축적된 것을 단숨에 '연소'하여 에너지를 얻는 성격의 연료다. 전후의 폭은 다소 있지만, 그렇게 수억 년에 걸쳐 축적된 것을 200~300년이라는 단시간에 거의 다 소진한 장본인이 바로 현재의 인류다.

동시에 **인간의 역사에서 이 제3의 확대·성장과 정체화 주기 전체가** (근대)**자본주의/포스트 자본주의의 전개와 겹친다**는 것이 이 책의 기본적인 문제의식이다. 바꿔 말하면 우리가 맞이하고 있는 '제3 정체화'의 의미와 그 사회상을 생각하는 것이 이 책의 '포스트 자본주의'라는 주제와 오롯이 호응한다.

정체화의 문화적 창조성

앞서 살펴본 바와 같이 인간의 역사에는 (에너지의 이용 형태 혹은 자연의 착취 정도에서 기인한) '확대 · 성장'과 '정체화' 주기가 존재하는데, 여기에서 특히 주목해야 할 것은 인간 역사의 **확대 · 성장에서 정체로의 이행기에 지금껏 존재하지 않았던 새로운 관념 혹은 사상 또는 가치가 생겨났다**는 점이다.

논의를 급하게 진행하는 셈이지만, 얼마 전부터 인류학과 고고학 분야에서 '마음의 빅뱅(의식의 빅뱅)' 혹은 '문화의 빅뱅' 등으로 불리는 흥미로운 현상이 발견되었다. 가공된 장식품, 회화, 조각 등의 예술작품이 지금부터 약 5만 년 전에 한꺼번에 출현한 것이다. 현생인류 혹은 호모사피엔스가 등장한 것은 앞서 말한 바와 같이 약 20만 년 전으로 추정된다. 왜 그러한 시차가 존재하는지, 어떤 배경에서 그러한 변화가 생겨난 것인지에 대한 화제가 '마음의 빅뱅'을 둘러싼 논의의 중심 주제다 (우치다內田(2007), 가이후海部(2005), 리처드 클라인Richard Klein 외(2004), 스티븐 미슨 Steven Mithen(1998)).

한편, 인간의 역사를 크게 조감했을 때, 정신적 · 문화적 면에서 큰 혁신의 시기가 또 한 번 찾아왔다. 바로 칼 야스피스 Karl Jaspers가 '추축樞軸시대', 과학사학자인 이토 슌타로伊東俊太

郎가 '정신혁명'이라고 부른 기원전 5세기 전후(야스퍼스(1964), 이 토(1985))다. 이 시기에 어떤 의미에서 기묘하게도, 현재로 이어 지는 '보편적 원리'를 지향하는 사상이 지구 각지에서 '동시다 발적'으로 발생했다. 바로 인도의 불교, 중국의 유교와 노장사 상, 그리스 철학, 중동의 구약사상(기독교와 이슬람교의 원류이기도 하다) 이다. 이들은 공통으로 특정한 커뮤니티를 넘어선 '인간'이라 는 관념을 처음 다뤘다. 동시에 '욕망의 내적 규제' 혹은 물질 적 욕구를 초월한 새로운 관념을 역설했다는 특징이 있다.

방금 '기묘하게도' 이러한 사상이 '동시다발적'으로 발생했다 고 썼는데, 그렇다면 그 배경 혹은 원인은 무엇일까? 흥미롭게 도 최근의 환경사environmental history라 불리는 분야에 따르면, 이 시대에 중국, 그리스, 인도 등 각 지역에서 농경과 인구 증 가가 진행된 결과로서, 삼림 고갈과 토양 침식 등이 심화하여 농경 문명이 (처음으로) 일종의 자원·환경 제약에 직면했다는 사 실이 밝혀졌다(이시도 외(2001), 클라이브 폰팅(1994), 히로이広#(2011) 참조).

이렇게 생각하면 더욱 나의 가설에 지나지 않지만, 추축시대 혹은 정신혁명 시기에 생성된 보편사상(보편 종교)들은 그러한 자 원·환경적 제약 속에서 이른바 **'물질적 생산의 양적 확대에서 정신적·문화적 발전으로'**라는 방향을 도출하는 사상으로서, 혹은 생산의 외적 확대를 대신하는 새로운 내적 가치를 제기하

는 것으로서 발생했다고 생각할 수 있지 않을까?

한편, 기원전 5세기 전후의 추축시대에 다양한 사상이 싹튼 것이 농경 문명의 이러한 환경적 한계 상황에서 발생했다면, 앞서 말한 '마음의 빅뱅'도 같은 메커니즘에서 수렵채집문명의 확대·성장에서 정체화로의 이행 시기에 발생했다고 생각해보는 것도 가능하지 않을까?

즉 수렵채집단계 전반에 걸쳐 수렵채집이라는 생산 활동(과 그 확대)에 따라 오로지 '밖'으로만 향하던 의식이 자원 및 환경 제약에 부딪히자 방향을 '안'으로 바꾸었다. 그곳에서 '마음' 혹은 (물질적인 유용성을 초월한) 장식이나 넓은 의미에서 예술에 대한 지향, 나아가 (종교의 원형으로서 죽음의 관념을 동반하는) '자연신앙'이 생겨난 것은 아닐까?

나아가 이처럼 '마음의 빅뱅'이나 추축시대/정신혁명과 정체기의 관계를 생각하는 것은 '정체'라는 콘셉트의 재고로도 이어진다. 즉 '정체'라는 표현은 자칫 '변화가 멈춘 지루하고 답답한 사회'라는 이미지를 떠올릴지도 모른다. 하지만 그것은 물질적인 양적 성장의 개념에 사로잡힌 이해다. 오히려 정체기는 풍부한 문화적 창조의 시대이기 때문이다.

정리하자면, 수렵채집단계에서 정체로의 이행기에 '마음의 빅뱅'이 발생했고, 농경사회의 같은 시기에 추축시대/정신혁명

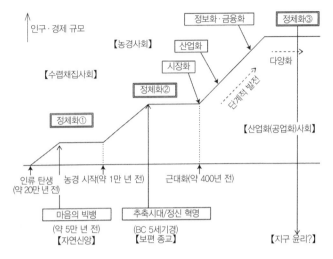

인구·경제 규모

【농경사회】

정보화·금융화

정체화③

산업화

시장화

다양화

【수렵채집사회】

정체화②

단계적 발전

정체화①

【산업화(공업화)사회】

인류 탄생　　농경 시작(약 1만 년 전)　　근대화(약 400년 전)
(약 20만 년 전)

마음의 빅뱅　　　추축시대/정신 혁명

(약 5만 년 전)　　(BC 5세기경)

【자연신앙】　　　【보편 종교】

【지구 윤리?】

(주) '지구 윤리'에 관해서는 종장 참조

그림 서장-4 인류사 속의 정체형 사회

기의 다양한 사상(보편사상 혹은 보편 종교)이 생겨났다. 두 가지 현상은 모두 '물질적 생산의 양적 확대에서 정신적·문화적 발전으로 이행한다'는 점에서 공통적이라고 생각할 수 있지 않을까(자세한 내용은 히로이(2011) 참조).

동시에, 현재가 인류사의 제3 정체화 시대라 한다면, 우리는 지금 마음의 빅뱅에서 발생한 자연신앙이나 추축시대/정신혁명기에 생성된 보편 종교에 필적할 만한 근본적으로 새로운 어떤 가치 원리나 사상이 요구되는 시대의 입구를 맞이하려는 것

은 아닐까? 이 책에서 다루는 이러한 가장 거시적인 틀을(나중 논의도 일부 포함하는 형태로) 정리한 것이 그림 서장-4이다.

'제4 확대 · 성장'이 올까
——초(슈퍼)자본주의 VS 포스트 자본주의

한편, 이러한 역사를 거시적으로 파악하면 그 연장선상에서 다음과 같은 (반대 방향의) 논의가 자연스레 떠오른다.

바로 '인간은 지금까지도 항상 다음 단계의 "확대 · 성장"을 향해 돌파해왔으므로, 지금부터 다가올 21세기는 오히려 "제4 확대 · 성장"의 시대가 될 것'이라는 논의다. 머리말의 내용과 도 이어지는데, 사회적 차원에서는 '초(슈퍼)자본주의' 비전이라 부를 수 있다.

만약 그러한 기술적 돌파 가능성이 있다면, 다음 세 가지를 후보로 들 수 있을 것이다.

첫째, '인공광합성', 둘째, 우주개발 혹은 지구 탈출, 셋째, '포스트 휴먼'이다.

첫째, 인공광합성은 앞서 언급한 광합성 작용을 인간이 스스로 하는 것이다. 요컨대 근본적인 에너지 혁명인 셈이다. 노벨

화학상을 수상한 일본의 네기시 에이이치根岸英— 등이 이미 관련 프로젝트를 추진하고 있다. 이것이 실현된다면 식량 문제와 온난화 문제(이산화탄소 배출문제)를 단숨에 해결할 수 있을지도 모른다.

둘째, 우주개발 혹은 지구 탈출은 영화나 SF 등에서도 반복적으로 등장하는 화제다. 흥미로운 것은 최근 「엘리시움Elysium」이나 「토탈 리콜Total Recall」 리메이크판과 같은 영화처럼 이 주제가 부유층이 지구 밖으로 탈출한 후 황폐된 지구에 빈곤층만 남는 사회 양극화나 격차 확대와 쌍을 이루어 그려지는 작품이 많이 나오고 있다는 점이다.

그리고 세 번째 포스트 휴먼은, 머리말에서도 언급했듯이 인간 자체를 개조함으로써 현재 지구가 직면한 자원 및 환경의 유한성을 극복하려는 지향을 포함하는 개념이다.

이러한 주제에 대해 지금 당장 답을 내기는 어렵다. 다만 나는 이러한 방향에 전체적으로 회의적인 입장이다.

물론 그것은 최종적으로는 '자연과 생명은 어디까지 제어할 수 있는가' 혹은 '어떤 사회나 생활이 인간을 "풍요"롭고 행복하게 만드는가'라는 기본적인 가치 판단과 관련한 것이므로, 절대적인 답은 없을지도 모른다. 하지만 앞서 제시한 '제4 확대 · 성장'을 지향하는 것은 현재 전 세계에서 일어나는 다양한

모순 자체를 극복하기보다는, 모순 그 자체는 방치한 채 외적인 확대와 기술에 호소하는 성격을 지닌다. 가령 그것이 실현된다 하더라도 같은 모순이 계속 발생하게 될 터이다.

또한 사회 구상 차원에 근거해서 말하면, 이 책에서 앞으로 고찰할 내용처럼, 우리가 앞으로 실현해야 할 사회가 오늘날 미국처럼 엄청난 격차를 발생시키며 '힘'에 의존하고 동시에 한없는 자원 소비와 확대·성장을 계속 추구하는 사회가 아니라, 일부 유럽 국가에서 실현되고 있는 '녹색 복지국가' 혹은 '지속 가능한 복지사회' 즉, 개인의 생활 보장과 환경 보전이 경제와도 양립하며 실현되는 사회상이라는 인식과도 중첩된다.

무엇이 되었든 우리는 21세기의 (제4) 확대·성장과 정체화 사이에서 수백 년 혹은 수천 년 단위로 찾아오는 역사의 커다란 분기점 혹은 두 가지가 '경쟁'하는 시대에 서 있다고 봐도 좋다. 이제부터는 포스트 자본주의라는 주제를 축으로, 과학의 이상적인 모습을 중요한 안내자로 삼아 고찰해보기로 하자.

기계와 생명
──생명의 내발(內發)성

이 책 후반부에 등장하는 논의와도 이어지는 주제이자, 앞서 언급한 '제4 확대·성장'의 기둥 중 하나이며 머리말에서도 언급한 '포스트 휴먼'에 관해, 특히 AI(인공지능)와의 관련성을 중심으로 조금 보충하려 한다.

AI라는 콘셉트 자체는 1950년대로 거슬러간다. 머리말에서는 1980년대에 일종의 AI 붐이 일었다고 소개했다. 물론 'AI 붐'이기는 했지만, 당시에도 이미 AI에 대한 '과도한 기대'에 대해 뿌리 깊은 회의론이 제기되었다. 가령 관련한 대표적 저서로 철학자 휴버트 드레이퍼스Hubert Dreyfus의 『컴퓨터로는 무엇이 불가능한가──철학적 인공지능 비판What Computers Still Can't Do:A Critique of Artificial Reason』(원서 1972년 발행)이 있다.

이렇게 말하는 나 자신도 원래 (과학)철학 전공이므로, AI 만능론과 같은 주장과는 거리를 두었다. 이 책 제2부의 주제와도 이어지는데 여기에서 미리 다소 철학적인 논의를 전개해보기로 하자. 세계를 바라볼 때 우리는 다양한 '의미'를 동시에 인식한다. 그저 단순한 정보의 무기적 집적을 바라보는 것이 아니다.

그렇다면 그런 '의미'의 원천은 대체 무엇일까. 바로 우리 인간이 생명을 가지고 있으며, 따라서 '생존'에 가치 있거나 중요한 것을 세계에서 선별하여, 혹은 무수한 정보 속에서 서열을 매겨서 파악하는 것에 있다. 그런 과정을 통해 '의미' 혹은 어느 정도 안정된 질서가 생겨나는 것이다(이것에서 타자의 인식이나 타자와의 정보적인 관련 등도 파생한다).

즉 '세계'의 '의미'성은 그 근원을 거슬러가면 생명에 도달한다.

한편, 생명을 지니지 않는 컴퓨터는 방금 설명한 정보의 '의미 부여'가 불가능하므로, 정보의 양적 처리 속도나 기억 용량에 관한 능력은 인간보다 훨씬 뛰어나지만, 인간이라면 당연히 해낼 수 있는 극히 기본적인 일상적 동작은 해낼 수 없다. 따라서 로봇은 결국 중요한 상황에서 충분한 능력을 발휘할 수 없다(히로이(1994) 참조).

당시부터 이런 종류의 논의는 다양한 형태로 존재했다. 그리고 한때 과할 정도로 AI 만능론이 부상한 반동 때문인지, 대략적으로 말하면 그 시대를 잇는 90년대 이후, AI에 관한 논의는 한창때에 비해 약간 정체되었다.

하지만 무조건 그렇게 볼 수는 없다. 즉 앞서 소개한 것처럼 가령 AI에게 인간보다 못한 다양한 한계가 있다면, 예상 밖의 방법을 동원해 AI와 인간(혹은 생명)을 '융합'하면 되지 않을까. 그

리고 AI의 뛰어난 면(앞서 말한 빠른 정보 처리 능력이나 방대한 기억 용량)과 인간의 뛰어난 면(생존에 대한 지향과 그로부터 파생하는 세계에 대한 '의미' 부여, 혹은 타자와의 공감 능력 등)을 조합하면 이른바 '최강의 존재'—그것을 '인간'이라고 부를지 말지는 차치하고—가 탄생할 것이 아닌가.

이것이 다름 아닌 '포스트 휴먼' 사상과 맥락을 같이 하는 부분이다.

'현실이란 뇌가 꾸는 (공동의) 꿈'인가?
──소셜 브레인과 사회적 관계성

한편 이 주제에는 또 하나의 중요한 국면이 있다. 그것은 바로 '의식의 공유(혹은 공동성)'라는 화제다. 그리고 그것에서 파생하는, 단적으로 표현하면 '**현실이란 뇌가 꾸는** (공동의) **꿈인가**'라는 물음 혹은 세계관을 둘러싼 논의다.

인간의 의식 혹은 '세계'가 개체 혹은 개인에 의해 성립하는 것이 아니라, 타자와의 상호 작용을 기반으로 하여 비로소 생성하는, 본래 '공동'적이라는 이해는 예전부터 철학에서는 자주 논의된 주제다. 개인적인 생각을 포함하여 말하자면, 학생 시절에 내가 큰 영향을 받은 철학자 히로마쓰 와타루廣松涉가

'공동 주관성'이라는 말로 논한 주제가 바로 이것이다. 또한 그것은 개인이나 개체를 독립 · 자존의 것으로 받아들이는 근대적 패러다임을 비판하는 성격을 지니기도 했다(예를 들어 히로마쓰(1972)).

실은 이러한 논의는 최근 뇌 연구 분야에서 화제를 모으고 있는 '소셜 브레인(사회적 뇌)'이라는 주제와 실질적으로 공통점이 있다(후지이(2009)). 소셜 브레인 논의란 인간의 뇌가 현재와 같은 형태에 이르기 위해 고도로 발달하는 과정에서 타자 혹은 타 개체와의 (정서적인 면을 포함하여) 상호작용이 결정적으로 중요한 역할을 한다는 주장이다. 이것은 '인간의 의식이 성립하려면 타자와의 상호작용이 필수적이다. 따라서 앞서 언급한 그 의미가 본래 공동적'이라고 보는 공동주관성과 공명하는 개념이다.

그리고 흥미롭게도 이러한 주제는 최근의 영화 등에서 그 확산을 더욱 실감 나게 느낄 수 있다. 가장 먼저 떠오르는 것은 역시 「매트릭스」(1999)다. 최근 영화로는 레오나르도 디카프리오가 주연을 맡았고, 일본 배우 와타나베 겐渡辺謙도 출연한 「인셉션」(2010)이다. 이들 영화의 공통점은 모종의 방법으로 '의식(혹은 꿈)'의 공유를 행하고, 그 '세계' 속에서 사람들이 상호작용하며 행동한다는 점이다. 「인셉션」에서는 그것이 더욱 복잡해졌다. '꿈 속의 꿈', 나아가 그 속의 (공동의) 꿈이라는 방식을 그려냈다. 그렇게 공유되는 '의식(혹은 꿈)'은 중층화 혹은 다차원화

한다.

이렇게 보면 이들 영화의 모티프는 앞서 말한 '공동 주관성'론이나 '소셜 브레인'론의 세계관과 명백하게 친화적이다.

그리고 이쯤에서 '그렇게 생각하다 보면 실은 우리가 살아 있는 이 "현실" 세계 그 자체가 공동으로 꾸는 "꿈"이 아닐까'라는 의문이 자연스레 고개를 든다.

일반적으로 '꿈과 현실'의 경계 혹은 차이란 무엇일까. 전자는 개인으로 완결된 것(='주관적'), 후자는 개인을 넘어 사회적인 것(='객관적')이라고 볼 수 있다. 이 세계 자체를 '여러 명의 개인이 공유하는 의식'이라고 본다면, 바꿔 말해 '소셜 브레인'론이 주장하는 것처럼, 세계를 여럿의 뇌가 공유하는 '세계'라 한다면 그것은 '꿈'인가, 아니면 '현실'인가.

이것은 문자 그대로 '낡았으면서도 새로운' 물음이다. 실제로 이런 관심은 지금부터 2000년도 전에 쓰인 중국의 사상서인 『장자』에 등장하는 유명한 '호접몽'에서 이미 논의된 바 있다.

동시에 이 논의는 현실적인 문제로서, 경제의 '거품'이란 애당초 무엇인가—그것은 '환상'인가 '현실'인가—와 같은 논점을 포함하여, 본서의 주제와 다양한 차원에서 관련이 있다. 여기에서 요점만 간단히 소개하겠다. 바로 '우선 처음에 뇌가 존재하고 세계가 생겨나는 것이 아니라, 세계가 존재하고 그 일부

에서 뇌가 생겨났으며, 그것에서 의식=세계가 생겨나는 것이지 그 반대가 아니다'라는 것이 중요하다(하지만 여기에는 일종의 모순이 숨어 있다).

또 하나, 이것과 관련하여 '두 개의 소셜 브레인'이라는 화제를 제기하려 한다. 최근 뇌 연구에서 소셜 브레인론은 인간 의식의 원초적 성립에 관련한 것으로, 앞서 논의한 철학 등에서 다루는 공동 주관성론과도 중복된다. 따라서 그것을 이른바 '커먼 브레인(공동 뇌)'이라고 불러도 좋다. 즉 그것은 '근대적인 개인'(=독립된, 반성 의식을 지닌 개인)을 '앞서는' 개념이다.

한편, 그것과는 별개로 현재는 인터넷과 SNS 등이 발달하여 독립된 개인과 개인 사이에서 일종의 자각적이고 '소셜'한 '의식의 공유'—문자 그대로 '전뇌' 공간—이 생성되고 있다.

이 둘은 당연히 확실히 구별되어야만 한다. 다만 이 책에서는 이것을 '두 개의 소셜 브레인'이라고 부르고자 한다. 제1 소셜 브레인(혹은 커먼 브레인)은 진화의 과정에서 인간의 원초 '의식'의 성립 그 자체에 관련한 것이며, 제2 소셜 브레인은 근대 후기라 할 수 있는 현대에 인터넷 등의 정보공간이 생성되는 와중에 생겨난 것이다.

물론 후자가 앞으로 어떠한 전개를 보일지는 —애초에 그것을 소셜 브레인이라든가 '의식의 공유'와 같은 말로 파악해도

좋은지를 포함하여— 여전히 안개 속이다. 또한 그것은 이 책에서 다루는 '전뇌 자본주의 그리고 초(슈퍼)자본주의 VS 포스트 자본주의'라는 주제로도 이어진다.

이러한 시각을 염두에 둔 채 지금부터는 자본주의의 발자취와 현재에 대해서 고민해보자.

제 **1**부

자본주의의 진화

제1장 자본주의의 의미

자본주의란 무엇일까

당연한 이야기지만 '포스트 자본주의'라는 주제를 생각할 때, 가장 먼저 떠오르는 물음은 바로 애초에 '자본주의'란 무엇이냐는 질문이다.

'자본주의capitalism'라는 말은 늘 분명한 의미를 지니는 것처럼 사용되지만, 곰곰이 생각해보면 그 내실과 정의가 확실하지 않을 때도 있다. 실제로 역사학자 페르낭 브로델Fernand Braudel도 '자본주의'라는 말에 대해 "수많은 역자학자가 지금껏 거듭, 바르게 지적해왔듯이 이 논쟁의 대상이 되는 말은 애매하다. 그것은 현대적인 의미도 있지만, 나아가 시대착오적이라 불릴 만한 의미마저 포함한다는 것은 나도 충분히 알고 있다"고 말했다(브로델(2009)).

또한 그는 자본주의라는 말이 쓰이게 된 경위에 대해 "넓은 의미로 자본주의라는 말이 사용되기 시작한 것은 20세기 초에 접어들면서부터다"라고 말하며, "약간 자의적이기는 하지만 그런 사용법은 1902년에 출판된 베르너 좀바르트Werner Sombart의 유명한 저서 『근대자본주의』에서 시작되었다고 나는 간주한다. 이 말은 카를 마르크스조차 몰랐을 터이다"라고 말했다(브로델(2009)).

당시의 시대 상황을 고려하면 자본주의라는 말은 사회주의(혹은 공산주의)라는 대항적인 사회시스템의 대두를 받아들이면서 그 반대개념으로서 자각하게 되었다고 할 수 있으리라(요컨대 정치철학상의 용어에서 사회주의의 대립개념은 [자본주의가 아니라] 자유주의liberalism나 보수주의conservatism다).

(＊) **자본주의의 기원을 둘러싼 논의**　　자본주의라는 말을 쓸지 말지는 차치하고, '실질적으로 자본주의라는 시스템은 언제, 어느 시대에 탄생했는가' 하는 논의가 존재한다. 미즈노 가즈오水野和夫는 ①12~13세기, ②15~16세기, ③18세기로 나누는 설이 있다는 야마시타 노리히사山下範久의 지적을 예로 들었다. 1215년 제4차 라테라노공의회Lateran Council에서 로마 교회가 금리(이자)를 붙이는 것을 인정했는데, 이것을 두고 실질적인 자본주의의 성립이라고 보고 있다(더불어 소유권이 인정되어 합자회사, 즉 은행이 생겨났다). '자본의 증식이라는 면을 고려할

때, 이자율을 인정한 것이 가장 중요하다'는 것이 그 이유지만(다카하시高橋 · 미즈노(2013)), 이것은 이후에 논의할 '자본주의=시장경제 플러스 확대 · 성장'이라는 이 책의 기본인식으로도 이어진다(이자의 기원에 대해서는 이와무라岩村(2010) 참조). 즉 앞서 기술한 ②는 근대사회의 시동 혹은 이매뉴얼 월러스틴Immanuel Wallerstein적인 근대 세계 시스템의 성립이라는 상황과 겹친다. 또한 ③은 산업화(공업화)라는 구조 변화와 함께 마르크스적 자본주의 이해(노동력의 상품화)와 관련한다.

그러면 이상의 내용을 바탕으로 할 때, '자본주의'의 의미와 내용 그 자체를 어떻게 이해해야 할까? 브로델의 논의는 우리의 관심 사항에 있어서도 수많은 점을 시사할 것으로 보이므로, 그의 논의를 조금 더 깊이 파헤쳐보자.

브로델의 주장에서 가장 특징적인 점은 그가 **'자본주의'와 '시장경제'를 명확히 구별**했다는 것이다.

이 두 용어는 실질적으로 거의 같은 뜻으로 사용되는 일이 많다. 가령 일본에서도 곧잘 '시장(원리)주의 비판'과 같은 논의가 전개된다. 이 경우 '시장경제=가열 찬 경쟁과 격차=자본주의(=바람직하지 않은 것)'가 암묵적 전제라 해도 좋을 것이다.

하지만 애초에 시장경제란 무엇인가를 생각해보면, 그 본뜻에 입각할 때 무조건 '시장경제=악'이라고 단정 지을 수는 없지 않을까?

예를 들어 시장의 원형에 가까운 예 중 하나가 어시장(그야말로 '시장'!)의 '경매'다. 그것은 좋은 의미에서 '공정하고 투명성이 높은 경쟁'이기에, 무조건 부정적으로 매도할 일은 아니다(오히려 일부 관계자만이 밀실에 모여 암묵적으로 일을 결정하는 '담합'보다 바람직하다).

실제로 브로델 자신도 "이러한, 예상외의 일이 일어나지 않는 '투명'한 교환, 각자가 미리 일부 자초지종을 알고 있으며, 대체로 적절한 이익을 추측할 수 있는 교환에 대해서는, 작은 마을의 시장이 좋은 예시"라고 말했다(브로델(2009)).

혹은 애초에 '시장'이라는 것은 역사적으로는 공동체(커뮤니티)와 공동체의 교환을 통해 생겨났다. 이 또한 반드시 부정적으로 바라볼 필요는 없다. 그것은 바깥 세상을 향해 공동체의 문을 '여는' 의미도 지니기 때문이다. 참고로 마르크스가 『자본론』에서 기술한 다음 문장은 비교적 잘 알려져 있다. "상품 교환은 공동체가 끝나는 곳에서, 공동체가 다른 공동체 혹은 그 성원과 접촉하는 지점에서 시작된다"(마르크스(1972[원서는 1867])).

시장경제 VS 자본주의

이러한 시장경제의 본뜻으로 돌아가, 브로델은 시장경제가 '자본주의'와는 전혀 다른 것이라고 주장한다. 이것과 관련하여 세계 시스템론論으로 유명한 월러스틴은 브로델의 주장을 다음과 같이 간결하게 요약했다(월러스틴(1993)).

표 1-1 '시장경제'와 '자본주의'의 대비(브로델 등)

시장경제	자본주의
규칙적	불규칙적
앞날을 읽을 수 있는 영역	투기의 영역
적은 이윤	많은 이윤
해방	약육강식
진정한 수요와 공급에 의해 자동으로 가격 조절	힘과 정책으로 가격을 강제 조절
경쟁 규제를 포함	규제와 경쟁, 둘의 배제를 포함
보통 사람의 영역	헤게모니 강국에 의해 보장되며, 그 안에서 체현

① 시장경제는 '명료하여 "투명"하기까지 한 현실'이며, 시장의 영역은 브로델이 이따금 '미시자본주의'라고 부른 '미미한 이윤'의 세계였다.

② '시장은 하나의 개방 · 하나의 출구 · 별세계로 난 입

구'다. 한편, '반–시장' 지대에서는 '거대한 약탈자가 배회하며 약육강식의 논리가 활개 쳤다.'

③ 자본주의란 집중의 지대, 상대적으로 높은 독점화, 즉 **'반–시장'**의 지대를 가리킨다.

이상의 내용을 바탕으로 월러스틴이 정리한 브로델의 논의—시장경제와 자본주의의 차이—를 대조표로 만들면 표 1-1이 된다.

이처럼 '시장경제'와 '자본주의'를 구별하여 인식하려는 시도는 출발점에서 우리의 견지를 넓혀준다. 또 애초에 '경제'란 무엇인가, 라는 주제를 재고하는 계기가 되기도 한다.

그런데 이쯤에서 서둘러 보충해야 할 사항은 지금까지 말한 논의의 기반, 즉 경제에 관한 브로델의 다음과 같은 '삼층 구조'론이다.

그림 1–1 경제를 둘러싼 브로델의 '삼층 구조'론

그림 1–1에서 그 내용을 제시하고 있는데 이것은 그리 어려운 것은 아니다. 가장 아래에 있는 '물질생활'은 문자 그대로 우리가 매일 '의식주'를 해결하고 다른 사람과 관계 맺으며 일상을 보내는 수준이다. 그것은 '관습과 무자각적 일상성'의 영역이기도 하며, 반드시 모든 것이 합리성에 의해 움직이지는 않는다. 또한 이 영역은 브로델이 "유럽에서도 국민 경제 계산에는 포함되지 않는 자가 소비나 서비스가 존재하며 장인이 꾸려나가는 점포도 적지 않다"고 했듯, 가사노동이나 자급 자족적인 활동, '장인의 일' 등도 일부 포함된다.

다음으로 가운데의 '시장경제'는 문자 그대로 시장의 영역이다. 이것은 아까부터 말했듯이 일정한 투명성과 공정성이 생겨나는 영역이다. 그리고 가장 위에 있는 것이 '자본주의'인데, 여기에서는 위에서 쓴 것처럼 (시장경제와는 대조적으로) 불투명성, 투기, 거대한 이윤, 독점, 권력 등이 지배적이다.

자본주의와 '확대 · 성장'

브로델의 논의가 많은 단서를 쥐여주기는 하지만, 이것은 이른바 자본주의가 (결과적으로) 지니는 성격을 현 상황 수준에서 파

악한 것이며, 자본주의의 의미 그 자체에서 한걸음 앞에 있다. 그렇다면 위에 적은 내용을 바탕으로 자본주의의 의미를 어떻게 파악해야 할까.

간단히 정리해보자면,

자본주의=

'시장경제 플러스 (무한한) 확대·성장'을 지향하는 시스템

이라고 이해하는 것이 가장 중요하다고 나는 생각한다.

여기에서 핵심은 우선 자본주의란 단순한 시장경제(혹은 시장경제가 사회 전체를 넓게 덮고 있는 시스템)와는 다르다는 점이며, 이것은 브로델의 주장과 일맥상통한다. 바꿔 말하면 시장경제 그 자체는 고대부터 존재했으며, 혹은 앞서 소개한 마르크스의 말에서도 알 수 있듯이 일반적으로 공동체와 공동체가 접촉하는 곳에서 생성되었다.

그렇다면 자본주의와 시장경제의 차이점은 무엇일까? 바로, 결과적으로 '확대·성장'이라는 요소에 이른다는 점이 아닐까. 즉 단순한 시장경제 혹은 상품·화폐의 교환이 아니라, 어디까지나 그러한 시장거래를 통해 자신이 보유한 화폐(그 목돈 형태의 자본)의 양적 증대를 추구하는 시스템(혹은 그러한 경제 활동을 사회적으

로 널리 긍정하는 시스템), 이것이 자본주의에 대한 가장 대략적인 파악일 것이다.

바꿔 말하면, 단순한 시장경제가 아니라 그것이 '확대·성장'에 대한 '강력한 드라이브'(구동력)와 하나가 되어 작동할 때 비로소 자본주의로서 모습을 드러낸다.

참고로 앞에서 언급한 자본주의의 이른바 '수단'으로서, 재정적인 강제력과 중앙집권적 통제력, 식민지 지배를 위한 군사력 등을 지닌 (국민)국가가 중요한 몫을 해내는 경우가 있다. 그러나 그것은 어디까지나 수단이라는 이름의 장치이며, 그 형태나 '로컬―내셔널―글로벌'이라는 차원에 걸친 공간적 확대는 역사적으로 변화한다(이 화제는 나중에 다시 고찰하도록 하겠다).

한편, 혜안이 있는 독자는 눈치챘을지도 모르지만 이 논의는 결국, 마르크스가 『자본론』 제1권에서 정식화定式化한 'G(화폐)―W(상품)―G′(화폐)'라는 자본에 대한 단순한 공식과 맞부딪힌다.

즉 원래 시장에 존재하는 것은 'W(상품)―G(화폐)―W(상품)'이라는 형태다. 이것은 '상품을 팔아 그것에서 얻은 돈으로 다른 상품을 사는 것'이다. 가령 '집을 팔아 그 돈으로 다른 집을 사는' 예를 생각해보면 알 수 있듯이, 여기에서는 집이라는 구체적인 물건의 획득이 목적이며, 우선 집을 구매함으로써 이 주기는 완결된다. 하지만 'G(화폐)―W(상품)―G′(화폐)'는 처음에 가진

것도, 나중에 얻는 것도 화폐라는 사실에는 변함이 없으므로, 나중에 얻은 화폐가 처음 가진 화폐보다도 양적으로 커야만 의미 있는 경제행위라 할 수 있다. 당연한 얘기지만 가령 투기를 위한 주택 구매는 수중에 있는 돈으로 집을 사들여 그보다 비싼 가격으로 팔아야만 의미가 있다. 그러한 '양적 증가'가 유일한 목적인 셈이다(심지어 그것은 단 한 번의 주기로 끝나지 않고 반복된다).

이러한 인식을 바탕으로 마르크스는 다음과 같이 말했다. "단순한 상품유통—매수를 위한 매도—은 유통 바깥에 있는 최종 목적, 사용 가치의 획득, 욕망의 충족을 위한 수단으로서 도움이 된다. 이것과는 달리 자본으로서의 화폐 유통은 자기 목적이라 할 수 있다. 가치 증식은 그저 이 끊임없이 갱신되는 운동 속에만 존재하기 때문이다. 그러므로 자본의 운동에는 한도가 없다. ……이 운동의 의식 있는 담당자로서, 화폐 소유자는 자본가이다"(마르크스(1972), 강조점은 인용자).

그리고 마르크스는 이 'G—W—G'라는 정식화는 상인자본, 산업자본, 이자 낳는 자본(금융자본) 모두에 공통되는 일반적인 것이라고 간주했다. 이때 금융자본의 경우 상품을 거치지 않고 자본을 금융시장에서 운용하여 더 큰 자본으로 교환하는 것이므로 'G—G'가 된다.

(＊)자본주의와 '무한'　상기의 내용과 관련하여, 월러스틴은 "나는 '자본주의'를 독자적인 정의로 사용한다. 바로 '무한의 자본 축적이 우선시되는 시스템으로 정의되는 역사적 시스템'이라는 정의다"(강조점은 인용자)라고 말하며 다음과 같이 주장했다. 이것은 실질적으로는 마르크스의 이해와 같다고 할 수 있다.

"자본주의는 이윤 획득을 목적으로 시장에서 판매를 위해 생산하는 개인들 혹은 기업들의 존재만으로 정의될 수 있는 것이 아니다. 그러한 개인과 기업은 세계 각지에 수천 년 전부터 존재해왔다. 임금과의 교환으로 노동을 제공하는 개인의 존재도 정의로서 충분하지 않다. 임노동 또한 수천 년 전부터 존재했다. 무한의 자본축적을 우선하는 시스템이 출현할 때 비로소, 자본주의 시스템의 존재를 말할 수 있다. 이 정의를 사용하면 근대 세계 시스템만이 자본주의적인 시스템이라는 말이 된다."(월러스틴(2006), 강조점은 원저자)

이 논의는 (어떤 독특한) '무한'의 개념이야말로 근대의 본질이라는 파악을 생각나게 한다.

이것을 주요 주제로 다룬 것이 시모무라 도라타로下村寅太郎의 『무한론의 형성과 구조無限論の形成と構造』다. 시모무라는 "고대 그리스에서 '무한'의 상징은 '원'이었는데, 근대에서 그것은 '(무한한) 직선'으로 형상화되었다. (고대 그리스의 '무한'이 이른바 '질적 무한'인 데 반해) 이러한 양적인 무한 확대를 적극적으로 지향하는 정신의 양식이야말로 근대의 특질"이라고 말했다(시모무라(1979)). 이 책의 머리말에서 언급한 '기술적 특이점'을 둘러싼 커즈와일적인 (포스트 휴먼) 논의는 그야말로 이러한 사고와 대극점을 이루는 것이리라.

가치의식과 행동의 변용

한편, 앞에서 자본주의에 대해 '그러한 (양적 증대를 지향하는) 경제 활동을 사회적으로 널리 긍정하는 시스템'이라는 표현을 썼는데, 이것은 다음과 같은 의미에서 핵심을 포함한다.

즉 역사적으로는 그러한 개인의 이익추구 활동은 고작 소극적으로 허용되든지, 경우에 따라서는 부정적으로 받아들이는 경우도 많았다. 왜냐하면 한 사회의 '부의 총량'이 유한한 범위에 그친다면, 한 개인의 이익 혹은 '몫'의 확대는 곧 다른 사람의 몫이 감소하는 것을 의미하기 때문이다. 이때는 오히려 '검약이나 절약'이 긍정되고, 사리의 추구나 확대는 부정적으로 받아들이는 것이 일반적이었다.

그렇다면 상기와 같은 자본주의 시스템이 사회에 침투하기 위해서는 꽤 근본적인 가치관 혹은 윤리의 전환이 동반되어야 한다. 동시에 그것은 사회 전체의 부의 총량 자체가 '확대·성장'한다는 (당시로서는) 새로운 상황을 반드시 동반했을 터이다.

이러한 기존의 이해로 보자면 '상식 파괴적'인 세계관과 주장을 전개한 상징적인 저서로서 버나드 맨더빌Bernard Mandeville의 『꿀벌의 우화The Fable of the Bees』라는 작품이 있다.

이 저작에 대해서는 이미 많은 사람이 언급했지만 여기에서

다시 소개하겠다. 맨더빌은 네덜란드 노트르담에서 태어나 의사가 되었다. 이후 영국 런던으로 건너가 병원을 열었고, 몇 권의 풍자적인 작품과 사회에 관한 논고를 발표한 문필가이자 사상가이다.『꿀벌의 우화』는 1705년부터 순차적으로 발표되었는데, 1723년판부터는 작품의 '반도덕적'인 내용이 세간에서 크게 주목받았다. 이로 인해 당시의 미들섹스Middlesex 주 대배심에게 해당 책이 고발당했고, 맨더빌이 직접 나서서 해명한 일도 있었다. 또한 이 저작과 그의 사상은 훗날 흄, 애덤 스미스, 제러미 벤담, 볼테르 등에게 영향을 끼친 것으로 알려졌다(참고로 애덤 스미스의『국부론』이 간행된 것은 1776년이다).

　『꿀벌의 우화』의 요점은 부제목이기도 한 '개인의 악덕, 사회의 이익Private Vices, Public Benefits'이라는 말에 그 의미가 집약되어 있다. 즉 맨더빌은 이 책에서 가령 검소한 개인 수준의 '미덕'은 사회 전체의 이익으로 이어지지 않는다고 주장했다. 반대로 지금껏 도덕적으로 악이라고 간주해온 방탕이나 탐욕과 같은 행위, 한마디로 무한한 사리의 추구가 결과적으로는 그 나라와 사회의 번영으로 이어지며, 나아가 고용과 경제적 부를 창출한다고 주장했다. 여기에는 다소 거칠기는 하지만 '자본주의 정신'이 응집된 형태로 담겨 있다.

'파이의 총량 확대 · 성장'이라는 조건

그렇다면 애초에 왜 '개인의 악덕' 혹은 사리의 추구가 '공공의 이익'으로 이어지는 것일까. 여기에서 가장 본질적인 포인트는, 다름 아닌 '부의 총량 확대 · 성장'이라는 점이다.

즉 아까도 잠깐 언급했지만, 경제 혹은 자원의 총량이 '유한한' 일정 범위에 머무른다면, 한 사람의 탐욕 혹은 몫의 확대는 그대로 다른 사람에게는 자기 몫의 감소를 의미한다. 하지만 **만약 그러한 '파이'의 총량 자체가 확대 · 성장할 수만 있다면, 상황은 단숨에 바뀐다. 즉 오히려 경제라는 파이의 총량 확대를 촉진하는 개인의 행동이야말로** (다른 사람에게 있어서도) **바람직한 일이 될 것이다.**

이것은 '개인의 사리 추구→경제라는 파이의 총량 확대→(당사자 그리고 다른 사람을 포함한) 사회 전체 이익 증대'라는 순환의 시작이자, 그야말로 앞서 지적한 자본주의의 본질로서의 '확대 · 성장'을 지탱하는 논리이다. 자본주의란 '"사리의 추구"를 최대한으로 (잘) 활용한 시스템'이라고도 할 수 있는데, 그 조건은 오로지 어떤 요인에 의해 경제라는 파이의 총량이 '확대 · 성장'할 수 있다는 점뿐이다.

방금 '어떤 요인에 의해'라고 말했는데, 맨더빌보다 나중 시

대를 포함하여 이 '파이의 총량 확대 · 성장'을 가능케 한 조건은, 16세기 영국 농촌의 초기적인 공업화(모직물 산업의 발전 등으로 '프로토 공업화'라고 불린다)에서 시작하여(무라카미村上(1992) 참조), 18세기 후반에 일어난 산업혁명을 통한 새로운 기술 패러다임, 그리고 그것에 의한 지하자원 · 에너지 활용과 지구 상의 다른 지역, 즉 식민지 개척과 그곳에서의 대규모 자원 개발이었다.

즉 경제사학자인 케네스 포메란츠Kenneth Pomeranz는 자신의 저작 『대분기The Great Divergence』에서 1750년경까지는 유럽의 최선진 지역인 잉글랜드와 중국의 양쯔 강 하류에서 매우 유사한 발전 양상(상업화와 프로토 공업화)을 보였다고 소개했다. 그 후 유럽과 아시아가 대분기를 맞이하여 기존의 인류사와 다른 커다란 단절이 발생했다. 그는 그 원인을 (잉글랜드에서의) 석탄과 신대륙의 식민지 확대라는 우연적 · 지리적 요인으로 보고 있다(포메란츠(2000)).

이것이 바로 서장에서 말한 인류 역사의 '제3의 확대 · 성장'과 중첩되며, 우리가 (근대) 자본주의라고 부르는 것은 실질적으로 이러한 역사적 국면과 대응한다고 볼 수 있다. 그것은 처음에는 (유럽의 지리적 발견 등을 통한 국제 무역의 확대라는) '공간적'인 측면을 포함했지만, 결국 그 중심에는 자연자원의 대대적인 개발과 착취라는, 식량 · 에너지의 이용 형태의 근본적인 전환이 있었

다. 즉

 (1) '개인―사회'의 개발……개인이 공동체의 구속을 벗어나 자유롭게 경제 활동을 할 수 있으며, 동시에 그러한 개인의 활동이 사회 전체의 이익으로 이어진다는 이론【개인의 독립】

 (2) '인간―자연'의 관계……인간은 (산업) 기술을 이용해 얼마든지 자연을 개발할 수 있으며, 동시에 그것을 통해 막대한 이익을 창출할 수 있다는 이론【자연 지배】

 위 두 가지가 단단히 묶여 있다. 동시에 그것을 통해 경제라는 파이의 총량을 '확대·성장'하는 일이 전에 없이 대규모로 추구된 것이, 그 후부터 현재에 이르기까지 약 300년에 걸친 시대였다.

 그리고 이상의 내용은, 앞서 제시한 '자본주의=시장경제 플러스 확대·성장을 지향하는 시스템'이라는 이해와 호응한다. 즉 이때 '시장경제'는 앞서 기술한 (1)'개인―사회'의 관계【개인의 독립】에 대응하며, '확대·성장'은 (2)'인간―자연'의 관계【자연 지배】에 대응하는 꼴이다.

제2장 과학과 자본주의

자본주의와 근대과학의 동질성

제1장에서 자본주의의 의미를 고찰해보았다. 제2장에서는 사실 그것이 '과학'—정확히는 '(서구) 근대과학'—의 기본적인 세계관 및 태도와 같은 구조를 지니는 것이 아니냐는 시각을 수면 위로 떠올려보자.

과학사적 시각으로 바라보면 17세기 유럽에서 '과학혁명 Scientific revolution'이라고 불리는 현상이 발생했다. 이것이 우리가 현재 '과학'이라고 부르는 것의 기원이다. 과학혁명은 기본적으로 다음과 같은 특징을 지녔다(이 논점에 대해서는 제2부에서 더욱 자세히 다룰 예정이다). 즉

　　(1) '법칙'의 추구　—배경으로서 '자연 지배' 혹은 '인간

과 자연의 단절'

　(2) 귀납적 합리성(혹은 요소 환원주의) ―배경으로서 '공동체
　로부터의 개인의 독립'

이라는 두 가지 특징이다. 전자는 자연이 그것에 따라 움직이
는 '법칙law'임을 명확히 제시한다. 또한 그것을 통한 자연의
조절/지배를 지향한다. 후자는 다양한 사상事象을 중립적·제
삼자적인 관점에서 실증적 혹은 귀납적으로 파악한다. 동시에 그
것들을 개개 요소의 집합체로 받아들인다는 점을 목표로 한다.

　이때 (1)의 배경에는 인간과 자연을 분리한 후, 인간은 자연
을 지배하며 철저히 이용할 수 있다는 세계관이 깔렸다. 한편,
(2)의 배경에는 사회는 독립적인 개인이 만들어가는 것이라는
생각이 깔려 있다. 서로 다른 개인이 설득력을 갖추려면 (가령 전
통적 공동체의 신화적 설명 따위가 아니라) 실증적·귀납적으로 대상을 파
악해야 하며, 나아가 (사회가 개인의 집합체로서 존재하듯) 자연현상 또한
개개 요소의 집합으로서 존재한다는 것이다.

　이런 주장이 약간 추상적으로 들릴지도 모른다. 이러한 근대
과학이 지니는 세계관과 지향을 상징하는 인물로서 종종 거론
되는 이가 영국의 정치가(왕실변호사, 대법관)이자 근대과학의 대변인
이라 할 수 있는 프랜시스 베이컨Francis Bacon(1561~1626)이다.

베이컨은 자신의 저서 『신기관Novum Organum』(1620)에서 "지知와 힘은 하나로 합일한다.……자연은 이것[지]에 복종하는 형태로만 정복당한다"고 말했다. 그는 과학이 기존의 관조적 학문이 아니라 자연을 지배·활용하고 그것에 따라 인간 생활을 개선하는 학문이어야 한다고 주장했다. 또한 능동적으로 자연을 조작하는 실험적 방법이나 경험적 데이터에서 일반 법칙을 도출하는 귀납법을 강조했다. 그는 귀납법에 입각하여 "자연은 되는 대로 자유롭게 내버려두기보다는, 기술을 통해 더욱 신문하고 고문해야 그 모습을 더욱 명료하게 드러내는 법"이라고 말했다(후루카와古川(1989)).

이런 식으로 고찰하다 보면, 결국 여기에서 근대과학의 특징으로 제시한 (1)(2)는, 제1장에서 자본주의의 특징으로서 든 두 가지 요소와 실은 중복된다는 사실을 깨닫게 된다. 즉 표 2-1에서 제시하는 것처럼, 자본주의와 근대과학은 모두 '공동체에서 독립한 개인' 및 '자연 지배(자연과 인간의 단절)'라는 공통의 세계관과 지향에서 파생한 활동이라는 것을 알 수 있다.

표 2-1   자본주의와 근대과학의 비교——공통하는 세계관

자본주의	근대과학	배경에 있는 세계관
시장경제	귀납적인 합리성 (혹은 요소 환원주의)	공동체에서의 개인의 독립
확대·성장	'법칙'의 추구	자연 지배(←인간과 자연의 단절)

17세기
——'과학혁명'과 자본주의의 본격적 시동

　이상의 내용은 약간 개념적인 정리인데, 실제로도 베이컨이 새로운 과학의 방향을 주창했던 17세기라는 시대—'과학혁명'의 세기—는 영국을 중심으로 자본주의가 그야말로 발흥勃興, 혹은 본격적으로 전개하기 시작한 시기와 겹친다.

　15~16세기에는 제노바, 베네치아 등의 이탈리아 도시국가가 해양 무역을 발전시키고, 상업자본 중심의 자본주의가 싹텄다. 그러나 머지않아 그 중심은 북서유럽으로 옮겨갔다. 그것은 다름 아닌, '개인'의 독립성과 '자연 지배'(인간과 자연의 분리)의 경향이 더욱 강한 지역—동시에 '근대과학' 전개의 중심 지역—이 세계사의 전면에 등장하는 흐름이었다고도 볼 수 있다.

구체적으로는 16세기 전후에 영국에서 모직물 산업 등 농촌 수공업이 발달함에 따라(제1장에서도 언급한 '프로토 공업화') 상급 농민은 '자본가'가 되었다. 동시에 그것은 엘리자베스 1세 시대(1558~1603)에 절대왕정·중상주의의 비호를 받았다. 바꿔 말하면 그것은 국민국가의 생성과 떼놓을 수 없는 중앙집권적 '경제 내셔널리즘'으로서, 식민지의 확대를 동반했다. 따라서 문자 그대로 '시장경제 플러스 확대·성장'으로서의 자본주의를 가속했다.

그리고 또 '과학혁명'의 세기인 17세기가 '자본주의'의 본격적 시동기이기도 했다는 사실을 나타내는 상징적인 사실로는, 이 시기에 일어난 이른바 동인도회사의 성립(영국[1600년], 네덜란드[1602년], 프랑스[1604년])을 들 수 있다. 여기에 더해 앞서 말한 엘리자베스 여왕의 '구빈법Poor Law' 제정(1601)이 있다(구빈법은 16세기 전반 이후 여러 차례 제정되었다).

구빈법은 근대의 복지 정책 혹은 '생활 보호'의 기원이라 할 수 있다. 그것은 자본주의의 생성에 따른 빈곤의 발생과 격차 확대(이 경우에는 농촌을 떠나 부랑하는 농민이나 일자리를 잃은 일부 도시민 등)에 관한 최초의 대응—어떤 의미에서는 자본주의 최초의 '수정'—이라 할 수 있으며, 후반에 가서 더욱 큰 시점으로 다뤄보기로 하자.

근대과학을 둘러싼 세 단계

지금 우리는 자본주의와 근대과학의 평행 발전에 대해 고찰하고 있다. 방금 말한 17세기의 '과학혁명'—근대과학의 성립—과 자본주의의 본격적 시동이라는 단계를 포함하여, 그 이후 일어난 근대과학의 역사적 발전을 과학의 기본 콘셉트와 함께 크게 개관한다면 표 2-2와 같은 형태로 정리할 수 있을 것이다.

우선 표의 (1)은, 앞서 말한 17세기의 '과학혁명'과 자본주의 본격적 시동 시대다.

그로부터 얼마 지나지 않아 18세기 후반, 산업혁명이 일어났고 19세기 이후 그것이 사회 전체의 산업화 혹은 공업화로서 급속히 전개함에 따라 '과학'과 '기술'의 연계는 더욱 견고해진다. 구체적으로는 섬유 등 경공업을 중심으로 한 18세기 후반의 '제1차 산업혁명'에서는 과학과 기술의 관련성이 희박했지만, 19세기 이후의 에너지 혹은 중공업을 중심으로 하는 '제2차 산업혁명' 때는 '과학' 연구가 기술 혁신의 기반으로서 중요한 역할을 맡게 되었다. 실제로도 (뉴턴 역학에서는 충분히 다뤄지지 않았던) 열 현상이나 전자기 등에 관한 물리학 연구 등이 공업화의 진보와 그야말로 평행을 이루며 발전했다.

표 2-2 근대과학을 둘러싼 세 단계

시기	내용	특질 및 사회적 배경	과학의 기본 콘셉트
(1)17세기	'과학혁명'	• 이른바 (서구)근대과학의 성립 • 자본주의의 본격적 시동 　(=시장경제 플러스 확대·성장)	물질(과 힘)
(2)19세기	'과학의 제도화'	• 산업화(공업화)시대 • 과학과 기술의 결속 강화 　(science-based technology) • 국가에 의한 연구기관과 　과학시스템 등의 정비 • 직업으로서의 '과학자' 성립. 현재로 이 　어지는 학문분야의 성립·제도화	물질/에너지
(3)20세기 중반~	'경제성장을 위한 과학'이라는 틀의 성립	• 이른바 케인스정책과의 연동 • 정부에 의한 대규모 연구 투자 　……전형적인 예로서 미국 : '과학 국가' • "과학의 체제화(incorporation)"(히로시게 　데쓰重徹)	에너지/정보
21세기 초~	포스트 자본주의 혹은 초(슈퍼)자본주의(~포스트 휴먼)		정보/생명

　동시에 이 시대는 '시장경제 플러스 확대·성장'으로서 자본주의가 전면으로 전개되었다. 유럽을 중심으로 한 국가들은 식민지 획득과 패권, 자원 등을 둘러싸고 말 그대로 치열한 싸움을 시작했다. 따라서 각국은 산업 기술의 강화와 군사 기술의 발전을 위해 과학 연구를 국가 정책으로 삼아 본격적으로 추진했다.

그러한 가운데, 국가가 연구 기관이나 '대학'이라는 시스템
—중세적인 대학과는 달리 실험실을 갖춘 자연과학 혹은 공
학적 연구 부문을 두루 갖춘 대학—을 정비하고, (기존처럼 패트런
(patron/후견인—역자 주)의 비호를 받는 장인과는 다른) 분과한 전문 직업으로
서 '과학자'를 양성하고, 현재까지 이어지는 학문 분야를 형성
및 제도화한 것도 이 시기였다(이러한 '과학의 제도화'라고 불리는 일련의 전
개에 대해서는 후루카와(1979), 요시다(1980) 참조).

최초의 '정체 경제'론과 생태학

참고로 이 시기, 즉 19세기 중반에, 이 책의 관심사와 관련
된 화제로 근래에 활발히 논의되고 있는 '정체 경제론' 혹은
'탈脫 성장론'의 원류라 할 수 있는 존 스튜어트 밀John Stuart Mill
의 '정체 상태'론이 제기되었다는 사실에 주목해야 한다.

밀은 자신의 저서 『경제학 원리』(1848)—이 책은 고전파 경제
학을 집대성한 저작으로 인정받고 있다—에서, 인간의 경제는
머지않아 성장을 멈추고 정체 상태stationary state에 도달할 것이
라고 주장했다. 현대를 사는 우리에게 흥미로운 대목은, 인간
은 오히려 그곳(정체 상태에 도달한 사회)에서 진정한 풍요와 행복을

얻을 수 있다는 긍정적인 이미지를 밀이 제시했다는 점이다. 참고로 후반에서 다시 다루겠지만, 독일의 생물학자인 에른스트 헤켈Ernst Haeckel이 '생태학ecology'이라는 말을 만든 것도 얼추 비슷한 시대(1866)다.

그렇다면 현대에도 통하는 이러한 주장이 왜 이 시대에 출현했을까. 당시 산업화 및 공업화가 시동을 걸었다고는 하나, 지금보다는 농업의 비중이 높았고 밀의 주장도 (한 나라 안의) **'토지의 유한성'**을 의식한 것이었다. 이것이 기본적인 배경이다. 즉 경제는 성장하더라도 머지않아 토지—'자연'이라고 바꿔 말해도 좋다—의 유한성에 부딪혀 정체에 이를 것이라는 발상 및 이론이다.

그 후 공업화는 더욱 박차를 가했고, 경제 구조는 농업에서 공업으로 이동했다. 동시에 식민지 확대를 통해 자연자원을 본격적으로 수탈하게 되자 밀의 정체 상태론은 경제학의 주류에서 점점 잊혀졌다. 바꿔 말하면 경제 혹은 자본주의가 '토지' 혹은 '자연'의 제약에서 '이륙'한 것이다(농업에서 그리고 한 나라의 경제 공간에서).

동시에 인간의 경제는(흡사 '무한'의 공간 속에서) 수요와 공급의 관계를 통해 균형을 이룬다는 신新고전파 경제학이 대두(1870년대)함에 따라 밀의 논의는 고전파의 유물이 되었다. 이런 의미에

서 밀의 정체 상태론은 앞서 말한 '근대과학을 둘러싼 세 단계'에서 (1)에서 (2)로 가는 이행기의 '층계참'에서 생겨났다고 할 수 있다.

어떤 것이든 밀의 논의나 헤켈의 '생태학'을 외적·공간적으로 넘어서는 형태로 '확대·성장'한 것이 당시의 자본주의이자 과학이었다. 나중에 논의할 내용과도 이어지지만, 그로부터 100년 이상 지나 인류가 전 지구적으로 밀의 정체 상태론에 직면했음을 지적한 것이 바로 로마클럽의 보고서 『성장의 한계』(1972)였다.

자본주의의 '수정'과 '경제성장'

근대과학을 둘러싼 세 번째 단계는 20세기 중반 이후, 특히 제2차 세계대전부터 21세기 초반에 이르는 반세기 가량의 시대를 가리킨다.

이 시기는 과학이 더욱 명확하게 국가의 정책 안에 흡수되어 간 시대—이것을 '과학의 체제화'라고 부르는 과학사학자(히로시게 데쓰)도 있다—이다. 나중에 고찰하겠지만, 동시에 자본주의가 공전의 성장을 이룬 '자본주의의 황금시대'(1950년~1970년대경)

를 포함하는 시기이기도 하다. 그러나 그 전사前史로서, 1929년 세계 대공황이 일어났고 그 후 제2차 세계대전으로 치달은 파국의 시대가 있었다.

세계 대공황은 크게 보면 자본주의가 일종의 '생산 과잉'에 빠져서 대량의 실업자를 발생케 한 사태다. 이것을 두고 마르크스주의자들은 생산의 국가적 혹은 계획적 관리를 위해 사회주의의 길로 가야 한다고 주장했다.

한편, 제2차 세계대전 종전終戰 후의 시대를 포함하여, 이른바 '자본주의의 구세주'로서 나타난 사람이 경제학자인 케인스였다. 케인스는 자본주의를 최종적으로 규정하는 것은 (생산이 아니라) 인간의 '수요'이며, 심지어 그것은 정부의 다양한 정책(공공사업 등 공공제의 제공, 사회보장 등의 소유 재분배)에 의해 유발 혹은 창출할 수 있을 뿐 아니라, 그것을 통해 더욱 부단한 경제성장을 이룰 수 있다고 주장했다(실제로 그것은 1970년대경까지 큰 성공을 거두었다). 그림 2-1은 1500년 이후 서유럽 12개국의 GDP 추이를 살펴본 것인데, 특히 20세기 후반에 성장 폭이 컸다는 사실을 알 수 있다.

나중에 다시 정리하겠지만, 이러한 사고방식은 **인간의 수요와 고용이라는, 시장경제 혹은 자본주의의 '근간'을 정부가 관리하고 창출할 수 있다**는 주장이며, 어떤 의미에서 자본주의의 근본적인 '수정'이라 할 수 있는 이념이다. 실제로 이

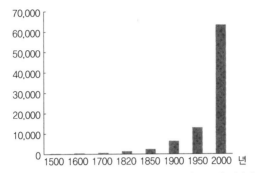

(주1) 대상국은 오스트리아, 벨기에, 덴마크, 핀란드, 프랑스, 독일, 이탈리아,
네덜란드, 노르웨이, 스웨덴, 스위스, 영국
(주2) 달러는 1990년 환산

그림 2-1 서유럽 국가들의 GDP 추이(1500～2000년, 억 달러)

(출처) Angus Maddison, *The world Economy : Historical Statistics*, OECD,
2003을 참고로 작성

러한 케인스 정책은 특히 유럽의 경우 사회보장의 충실 혹은
'복지국가'의 전개와 직결되어 있었기에 ('케인스주의적 사회 복지국가
Keynesian Welfare State'), '수정자본주의'라고도 불렸다.

이 용어는 주로 마르크스주의자들이 비판하는 의미로 사용
했으며, 복지국가란 사회주의(혹은 공산주의)로 이행하지 않는, 이
른바 자본주의와의 타협의 산물 혹은 '자본주의의 연명책'으로
서 부정적으로 파악되었다. 다른 측면에서 말하자면, 이 시대
는 다름 아닌 미소 냉전 시대였다. '순수한 자본주의'를 표방하
는 미국과 '순수한 사회주의'를 표방하는 소련의 틈바구니에서

유럽은 어느 쪽도 아닌 '제3의 길the middle way'인 복지국가를 선택한 것이다.

'GNP'의 기원

앞서 케인스 정책 중 '수정자본주의'의 성격을 소개했다. 한편, 케인스 정책의 주안점은 바로 그러한 정책을 통해 사람들에게 수요를 환기하고 무한한 '경제성장'을 꾀하는 것이었다.

방금 '경제성장'이라는 말을 아무렇지 않게 사용했는데, 의외로 국가 혹은 정부가 정책 목표로서 '경제성장'을 내건 것은 비교적 최근의 일이다. 바로 앞서 말한 제2차 세계대전 종전 후, 케인스 정책의 시대가 그 시기와 겹친다.

이 점에 대해 하버드대학의 전 학장이자 법학자인 데렉 복 Derek Bok은, 최근의 저서 『행복의 정치학The Politics of Happiness』에서 다음과 같이 말했다. "역사가인 존 맥네일John McNeill이 말했듯이, 세계 어디든 '경제성장'을 최우선으로 삼는 것이 20세기에 가장 중요한 사상이었다는 점에는 의심할 여지가 없다. ……그러나, 그 활약에도 불구하고, 경제성장이 정부의 목표로서 가장 중요해진 것은 비교적 최근 일이다. 미국에서는 제2차

세계대전이 끝나고서야 비로소, 경기순환 억제와 대량 실업 회피와 같은 오랫동안 유지해온 우선 사항 대신, 성장이 경제 정책의 주요 목표가 되었다"(복(2011), 강조점은 인용자).

사실 이것은 경제성장에 관한 '지표' 정비와도 깊은 연관이 있다. 경제성장에 관한 지표란 물론 GNP(국민총생산) 혹은 GDP(국내총생산)를 가리킨다. 우리는 그것이 몇 퍼센트 늘고 줄었는지에 일희일비하는 시대를 살고 있는데, GNP라는 지표가 정비된 시기가 바로 이때였다.

즉 앞서 언급한 세계 대공황(1929) 이후, 미국 상무부가 경제학자 사이먼 쿠즈네츠Simon Kuznets—경제성장과 격차의 관계에 관한 '쿠즈네츠의 역逆 U자 곡선'으로도 유명하며, 노벨경제학상을 받았다—에게 경제성장과 격차에 관한 통계 개발을 의뢰했고 그렇게 만들어진 것이 GNP 통계('국민총생산')였다. 쿠즈네츠는 2차 세계대전 종전 후, 세계 각국에서 GNP통계의 개발을 지도했다. 세계는 이렇게 'GNP의 시대'에 돌입했다. 달리 말하면 20세기 후반, 'GNP'(혹은 GDP)라는 지표를 얻음으로써 자본주의는 그 '확대 · 성장'이라는 중심축에 관련한 (혹은 자본주의라는 시스템에 관한) 중요한 후원자를 얻은 셈이다.

나아가 이상의 내용을 고려하면, 이른바 '세계 대공황이 GNP의 기원'이라고 파악할 수 있을 것이다(후쿠시마福島(2011)). 즉

인간의 인식이나 행동에 방향을 제시하며 영향력을 행사하는 '지표'는 '진공' 속에서 탄생하는 것이 아니라, 한 시대의 경제 사회적 혹은 정치적 문맥 속에서 생성된다.

생각해보면 최근에는 부탄의 'GNHGross National Happiness' 등의 다양한 행복도 지수가 생겨나고 있다. 혹은 프랑스의 사르코지 대통령(당시)의 위탁을 받아 노벨경제학상을 받은 조지프 스티글리츠Joseph Eugene Stiglitz나 아마르티아 센Amartya Sen과 같은 경제학자가 'GDP를 대신할 지표'에 관한 보고서를 간행하는 등(Stiglitz et al.(2010)) '풍요'의 지표에 관한 전개가 활발하다.

이 현상은 과연 무엇을 의미할까. 나중에 논의할 내용 일부를 미리 가져오자면, **때마침 세계 대공황이 GNP라는 새로운 지표를 요청했고, 그것이 케인스 정책과 연동했던 것과 마찬가지로**, '포스트리먼사태'라는 현재의 세계 상황을 고려한 진정한 풍요와 발전에 관한 새로운 지표나 콘셉트, 나아가 '무한한 확대·성장'이라는 패러다임 자체의 근본적 수정이 요구되는 시대에 우리는 접어들려고 하는 것은 아닐까.

'과학국가'와 '복지국가'

　20세기 후반을 특징지은 케인스 정책과 관련하여, '과학국가와 복지국가'라는 시점에도 주목해보고자 한다.

　케인스 정책은 앞에서도 언급했듯이 정부가 시장경제에 다양한 형태로 개입하여, 그것에 따라 수요의 창출, 나아가 경제성장을 꾀하는 것이다. 구체적으로 어떤 영역에 정부가 개입하는지는 국가에 따라 다른 형태를 보였다. 교과서적으로 말하자면, 시장에 정부가 개입하는 것이 합리적으로 인정받는 경우는,

　　(a) '시장 실패'의 시정……가령 '공공재'의 제공(도로 등의

　공공사업, 과학의 기초연구에 대한 투자 등)

　　(b) 소득 재분배……특히 사회보장이나 세제稅制

중 어느 한쪽인데, 형식적으로 말하면 (a)는 '시장 원리의 보완'이며(시장의 실패가 일어나기 쉬운 영역에서 그것이 발생하지 않도록 개입하여 시장기능을 원활히 작동시키는 것), (b)는 '시장 원리의 수정'이라 할 수 있다.

　이 중 (b)를 살펴보면, 애초에 사회보장 등의 소득 재분배 정책이 왜 (케인스 정책의 목적인) 수요 증가와 경제성장으로 이어지는

것일까.

그것은 저소득층보다 고소득층이 소득을 소비로 돌리는 비율이 낮으므로—이른바 '한계 소비 성향의 체감'—, **고소득층이 저소득층에게 소득을 재분배하는 것이 사회 전체의 소비 및 총수요를 늘리기에 그것이 곧 경제성장으로 이어진다**는 사고방식이다. 약간 단순하게 말하자면, '일부 부유층만이 자동차를 보유하는 사회보다는, 모든 사람 혹은 모든 세대가 자동차를 가진 사회가 경제 규모 면에서 확대 가능성이 있다'는 발상이다. 이러한 '소득 평준화와 경제성장의 양립'이 실제로 실현된 것이 1960~1970년대경까지의 시대이며, 앞에서도 언급한 쿠즈네츠의 '역 U자 커브(경제 발전의 어느 단계 이후에는 소득 격차가 축소를 향한다)'는 이와 같은 상황을 고려하여 제시된 것이었다.

이상과 같은 케인스 정책적인 체제를 바탕으로 다른 나라에 비해 '과학 연구'에 대한 공적 투자에 압도적인 힘을 쏟은 것이 바로 제2차 세계대전 후의 미국이다. 한편 유럽은 미국과는 달리 사회보장을 통한 재분배를 우선순위에 두었다. 상징적으로, 전자를 '**과학 국가**science state', 후자를 '**복지국가**welfare state'라고 부를 수 있다('과학 국가'로서 미국의 정책에 대해서는 제2부에서 더욱 자세히 살펴볼 예정이다).

물론 '자본주의의 황금시대'인 이 시대의 구동력은 결코 앞

서 말한 정책의 개입만은 아니다. 두말할 필요 없이 이 시기는 자동차, 다양한 가전제품, 석유화학제품 등의 내구소비재 등이 놀라운 속도로 보급되었다. 그것은 '산업화사회·후기'라 부를 수 있는, 넓은 의미에서의 에너지 관련 기술의 사회적 보급 단계와도 겹친다.

동시에 그것은 사회학자인 미타 무네스케見田宗介가 『현대사회의 이론現代社会の理論』에서 인상 깊게 주장한 것처럼, 단순한 물건 소비(물질적 소비)가 아니라 오히려 사람들의 관심을 디자인이나 유행으로 돌리는 '정보 소비'의 성격을 짙게 띠었다. 여기에서 '정보 소비'란 IT나 인터넷과 같은 의미에서의 그것이 아니라, 가령 옷을 살 경우 그것을 '추위를 견디기 위한 소재'로서 구매하는 것이 아니라, 디자인과 패션성에 주목하여 구매한다는 의미다(미타(1996)). 이러한 '정보 소비'는 어떤 의미에서 '주관적'인 것이며, 또한 '비물질적'인 요소를 포함하고 있다. 따라서 그것은 '무한'히 확대 가능한 잠재력을 지닌다.

이처럼 과학의 기본 콘셉트와 자본주의의 진화를 큰 시각으로 보면, '에너지/정보'가 두 바퀴가 되어 이 시기의 소비 확대와 성장을 이끌었다고 할 수 있다.

지금까지 케인스 정책을 축으로 하는 20세기 후반의 상황을 살펴보았다. 이후 펼치게 될 논의도 포함하여 전체적인 전망

을 쉽게 볼 수 있도록 17세기 전후 이후 자본주의의 진화와 앞으로의 전망을 그림 2-2로 정리해보았다.

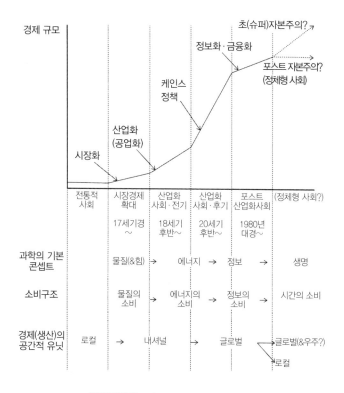

그림 2-2 자본주의의 진화와 전망

70년대의 '성장의 한계'론과 현재

케인스 정책이 어느 정도 이상의 유효성을 지니며, '자본주의의 황금시대'가 실현된 것이 제2차 세계대전 종전 후부터 1960년대 전후까지의 시대였다. 그러나 1970년대경부터 그러한 상황은 크게 변했고, 새로운 국면으로 접어들었다.

그것을 상징하는 사건 중 당장 들 수 있는 것은 1973년의 석유파동이다. 무한히 싼 값에 사용하리라 믿었던 석유 등 천연자원의 유한성이 '자원 내셔널리즘'과 함께 명백히 부상한 것이다. 다시 말해 인류는 앞서 소개한 19세기 존 스튜어트 밀의 '정체 상태'론에서 상정한 자원의 유한성을 전 지구적으로 인식하게 된 것이다.

묘하게도 로마클럽이 발표한 『성장의 한계』가 석유파동이 터지기 1년 전인 1972년에 발행되어 큰 화제를 모은 상황이었다. 밀이 상정한 (농업) 토지의 유한성을 공업화와 식민지화가 일단 극복한 듯 보였으나, 이번에는 공업화 자체가 자원의 한계에 부딪히게 된 것이다.

이것은 큰 시각으로 바라보면 인류사의 '제3의 확대 · 성장'인 근대 자본주의의 전체 프로세스에서 (밀의 정체 상태론을 잇는) 이른바 **제2단계인 정체 경제론**이다. 그것은 **공업화의 자원적 한**

계라는 역사적 국면과 맞물려 있었다.

동시에 이러한 자연자원의 유한성이 '확대·성장'에 있어서 이른바 **'외적 한계'**라 한다면, 어떤 의미에서 더욱 근본적인 문제가 있었다. 그것은 케인스 정책이나 각종 기술 혁신의 침투로 '고도의 대중 소비사회'가 실현되는 가운데, 다시 말해 '물건이 넘쳐나는' 사회로 침투해가는 가운데, 사람들의 수요가 서서히 성숙 혹은 포화하여, 이전처럼 끝없이 소비가 증가하리라는 상정을 할 수 없게 된, 이른바 **'내적 한계'**라 할 수 있는 상황이다.

이러한 가운데, 재분배를 통한 '확대·성장'을 시행했던 (유럽의) 복지국가도 그 기반이 흔들리기 시작했다. 심지어 1981년에는 OECD 보고서 『복지국가의 위기welfare state in crisis』가 대두하기에 이른다. 더불어 앞서 언급한 최근의 움직임과도 닮았는데, 이 시대에는 앞서 말한 상황을 받아들이는 형태로, 'GNP를 대신할 지표'를 만들기 위해 다양한 시도가 있었다(후쿠시福士(2001) 참조).

이처럼 '경제성장'에 대한 회의론이 다양한 각도에서 제기되어―그것은 최근의 '탈 성장'론이나 '정체 경제'론에 대한 관심의 고조와 공명한다―, 또한 GNP(혹은 GDP)를 대신할 '풍요'나 새로운 지표를 만들기 위해 적극적인 시도가 이루어지고 있다

는 점에서, 나아가 '남북 격차North-South divide(선진국과 개발도상국 사이의 정치 경제적 격차로 인해 발생하는 문제—역자 주)'를 둘러싼 논의가 활발해졌다는 점을 고려할 때 1970년대 전후와 현재는 일정한 유사성을 띤다.

거꾸로 말하면, 1970년대에 한번 터져 나온 '성장 한계'론이 그 이후 근래까지 일단은 '후퇴'한 듯이 보인 것은, 아마도 1980년대 이후의 두 가지 움직임, 즉

① 정보 기술의 전개와도 일체화하여 미국 주도의 금융 자유화와 글로벌화

② 이른바 BRICs로 상징되는 신흥국의 대두와 공업화

에 의한 면이 클 것이다. ①은 선진 자본주의국가의 '포스트 공업화'로서의 '정보화·금융화'의 역사적 국면이며, ②는 공업화, 이른바 공간적 확대의 국면이라고도 할 수 있다. 물론 ①과 ②는 긴밀히 연동되어 있다. 즉 선진국에서는 앞서 말한 바와 같이 국내 시장이 성숙하여, 기존의 소비 확대를 기대할 수 없으므로, 남아도는 자금이 새로운 시장과 투자처를 찾아 신흥국으로 흘러든다. 자연히 신흥국들의 ('한발 늦은') 공업화와 소비 확대가 맞물리게 된다.

하지만 그러한 새로운 전개(특히①)가 일단 명확하게 파탄 난 것이 2008년의 리먼 사태였다. 그 영향은 어마어마했다. 한편, 머리말에서도 말한 것처럼, 최근에는 리먼 사태는 이미 '과거'가 되었다는 주장도 고개를 들고 있다.

우리는 현재 어떤 지점에 서 있을까. 자본주의는 다시금 새로운 '확대·성장' 주기에 진입하려는 것일까. 아니면 그것과는 다른, 더욱 근본적인 국면을 맞이하려는 것일까. 다음 장에서는 이런 점에 대해 생각해보도록 하자.

제3장 전뇌 자본주의와
초(슈퍼)자본주의 VS 포스트 자본주의

자본주의 혹은 공업화의 공간적 확대

다시 정리하자면, 앞 장에서 80년대 이후 전개된 두 가지는 이른바 자본주의 시스템에서 경제활동의

    ① 시간적 확대

    ② 공간적 확대

라고 할 수 있다.

우선 비교적 쉽게 파악할 수 있는 ②에 대해 알아보자면(① 의 '시간적'의 의미는 나중에 설명하겠다), BRICs(브라질, 러시아, 인도, 중국), 그리고 공업화를 축으로 경제 발전에 가속도를 가하는 국가들, 나아

가 '자본주의 최후의 개척지'인 아프리카—적절하게도 이곳은 20만 년 전 호모사피엔스가 탄생한 장소이기도 하다—까지, 자본주의 혹은 공업화(산업화) · 정보화의 물결이 지구 전체로 확산하는 흐름은 당분간은 지속될 전망이다.

그러나 자연자원의 유한성이라는 논점은 물론, 이 주제를 생각하려면 다음과 같은 사실에 주목해야 한다고 나는 생각한다.

그것은 우선 '**전 지구적 규모로 진행되는 저출산 · 고령화**'라는 현상이다. 가령 아시아를 보면, 동아시아의 수많은 국가의 합계 출산율(여성 한 명이 평생 낳을 수 있는 평균 자녀 수)은 일본보다도 낮다(일본은 1.43(2013)인데 비해 한국은 1.24(2011), 대만 1.07(2011), 홍콩 1.20(2011), 싱가포르 1.20(2011)로, 모두 일본보다 낮다).

또한, 거대 인구가 그저 증가를 지속하는 것처럼 보이는 중국도 (한 자녀 정책의 영향도 가세하여) 2025년경 13.9억 명으로 정점을 찍고, 그 후에는 감소할 것으로 예측된다(UN "World Population Prospects" 2010년 판). 그리고 세계 전체 인구는 증가세가 완만해져서, 2011년에 70억 명에 달하고 2100년에는 109억 명 정도로 거의 안정되리라 예상한다(UN "World Population Prospects" 2012년 개정판의 중위 추계 기준). 2050년 시점에서 인구 추계가 96억 명이므로, 21세기 후반에는 오히려 세계 인구의 성숙 · 정체기에 들어갈 것이란 이야기다(니시카와西川(2014) 참조).

참고로 고령화에 대해서는, 2030년까지 세계에서 증가하는 고령자(60세 이상) 중 약 30%(29%)가 중국의 고령자이며, 29%가 중국을 제외한 아시아의 고령자라고 추이한다(World Bank(1994)). 또, 나머지는 '기타 개발도상국'이 28%이며, 일본을 포함한 선진국(OECD 가입국)은 14%에 불과하다. 즉 '고령화' 하면 선진국 특유의 현상처럼 생각하는 경우가 많지만, 21세기는 오히려 **'전 지구적 고령화**global aging'가 심화하는 시대이며, 그것은 자연히 인구의 성숙 혹은 감소를 의미한다.

정체화와 '새로운 중세'?

이러한 점에 관해 인구학자인 볼프강 루츠Wolfgang Lutz는 "20세기가 인구 증가의 세기—세계 인구는 16억 명에서 무려 61억 명으로 증가했다—였다면, 21세기는 세계 인구 증가의 종언과 인구 고령화의 세기가 될 것"이라고 말했다(Lutz et al.(2004), 강조점은 인용자).

물론 이상의 기술 중 특히 세계 인구 추계에 관해서는 (가령 아프리카의 향후 인구 동향 등에 대해서) 희망적 관측을 포함하여 예측하기는 어렵다. 또한 공업화 등에 따른 1인당 에너지 소비의 증가

를 생각하면 사태의 심각성은 더욱 짙어진다. 더불어 이 과정에서 예상되는 각종 자원 쟁탈전이나 지역 간 격차 혹은 분배 문제를 생각하면, 더욱 심각성을 부추기는 상황이라 할 수 있다.

하지만 21세기 후반까지 시야에 넣고 생각한다면, 내가 지금껏 '글로벌 정체형 사회'라고 불러온 모습, 즉 '세계는 현재 고령화가 고도로 진행되고, 인구와 자연 소비도 균형화된 21세기 후반의 어떤 정체 지점을 향해 나아가고 있다. 그렇지 않으면 지속 가능하지도 않다'라는 인식 혹은 전망은 어떤 의미에서는 불가피한 것이라 할 수 있다(히로이(2009a) 참조).

참고로 국제 정치학자인 다나카 아키히코田中明彦는, 1996년에 간행한 저서『새로운 중세新しい中世』에서 "현재의 세계 시스템은 '새로운 중세'를 향한 이행기다"라고 말하며, 다음과 같이 설명했다.

"현재의 인구 폭발과 환경 파괴가 결과적으로 파국에 치닫지 않으려면 '새로운 중세' 또한 유럽의 중세처럼 인구 면에서는 정체되어야 한다. ……그렇게 하면, 장기적으로 '새로운 중세'는 역시 근대 세계 시스템의 특징이었던 '확대·심화하는 경제적 상호 의존' 또한 정체시키는 사회가 될지도 모른다. 하지만 이러한 일은 아직 꽤 나중, 적어도 앞으로 1세기 정도 미래에나 일어날 것이다. 더불어 이러한 정체 상태가 정말 파국을 맞

이하거나 실현 가능한지는 알 수 없다. ……현재의 세계 시스템이 큰 틀에서 말하자면 '새로운 중세'로 향하고 있다 하더라도, 그것은 필연이 아니며 구체적으로 무엇이 일어날지를 확정하는 것이 아니다."(다나카(2003))

어떤 의미에서 이것은 현재 세계의 상태에 대한 냉정한 진단이라고 할 수 있을 것이다. 더불어 다나카의 '새로운 중세'론의 핵심 중 하나는, 국민 국가가 주인공이었던 근대 세계 시스템 대신, 앞으로 올 시대는 주체가 다원화하고 (중세 때 때마침 교회나 길드, 도시국가 등 다양한 주체가 폭넓게 활동한 것과 마찬가지로) NGO · NPO나 기업 등 다양한 비국가적 주체가 활약하게 된다는 점이다.

나의 관심사에 주목하여 말하자면, 애초에 왜 세계가 '새로운 중세'로 향하고, 또한 그곳에서의 주체가 다원화하는가에 대한 배경 혹은 근거를 생각하면, 그것은 분명히 이 책에서 다루어왔듯이 16, 17세기부터 이어져온 '시장경제 플러스 확대 · 성장'으로서의 자본주의 시스템이, 성숙화 혹은 정체화하는 시기를 맞이하고 있기 때문이다. 즉 이른바 확대 · 성장의 '급격한 오르막길'을 올라가는 시대에는, 국가를 중심으로 한 집권적이자 일원적인 벡터 아래에서 사회가 움직이는데, 그러한 벡터가 후퇴하는 정체화의 시대에는 활동 주체도 다원화한다. 또한 지구 상 각 지역도 모두 한 방향으로 향하는 것이 아

니라, 오히려 다양화한다. 이것은 '포스트 자본주의'를 둘러싼 이 책 제3부의 논의와도 관련이 있다.

금융화와 정보 관련 기술
——정보 문명의 포화와 '포스트 정보화'

지금까지 1980년대 이후 자본주의의 확대·성장을 지탱한 두 가지 요인(① '시간적 확대'=정보 기술의 전개와 하나를 이루는, 미국이 주도하는 금융의 자유화와 글로벌화. ② '공간적 확대'=이른바 BRICs로 상징되는 신흥국의 대두와 공업화) 중 주로 ②에 관한 내용을 살펴보았다. 한편, 자본주의/포스트 자본주의라는 주제를 생각하는 데 있어서 더욱 본질적인 의미를 지니는 ①은 어떨까.

우선, 이러한 금융 글로벌화와 이 시기의 과학·기술의 새로운 전개가 문자 그대로 '두 바퀴'와 같은 관계였다는 점을 인식해두어야 한다. 즉 여기에서도 '과학과 자본주의'는 부즉불리不即不離의 관계를 지닌다.

방금 '과학·기술의 새로운 전개'라고 소개한 것은 다름 아닌 '정보' 관련 과학·기술을 가리킨다. 다만 여기에서 조금 주의해야 할 것은, 이러한 정보 관련 기술 분야에서 기본 콘셉트

혹은 기초연구 자체는 꽤 이전인 1940년대경으로 거슬러간다는 점이다.

즉 그 중요한 기원은 클로드 섀넌Claude Elwood Shannon이 정식화한 정보 이론(1948)인데, 섀넌은 정보량(비트)의 개념을 도입하여 정보론의 기초를 다지고—이것을 통해 이진법을 사용하면 이론상 모든 정보가 0과 1로 표현 가능하다는 세계관이 탄생했다—, 또 같은 시기(1947)에 수학자 노버트 위너Norbert Wiener가 '통신과 제어의 이론'으로서 사이버네틱스cybernetics라는 사고를 제안했다.

위너의 연구를 재촉한 한 가지 배경으로는 제2차 세계대전 당시의 레이더 개발이 있다. 위너는 전시戰時에 기존의 레이더보다 훨씬 고도의 계산기가 필요하다고 예상했다. 그러한 계산기를 위해 충족되어야 할 조건으로서 디지털이어야 한다는 점, 이진법의 사용, 논리적 판단과 기억을 기계에 일임해야 한다는 점 등을 들었다(히로시게(1979)).

두말할 필요 없이 제2차 세계대전 종전 후 이러한 계산기는 전자 기술의 발전과 맞물려 비약적으로 고도화했다. 그것은 통신 기술 발전 및 통신 인프라 정비와 하나가 되어, 90년대 이후 인터넷 시대에 발을 들였고 현재로 이어졌다. 하지만 그 이론적 기반은 꽤 오래전인 1940년대 전후에 만들어졌다는 것

을 지금 재인식할 필요가 있다.

그리고 일반적으로 과학적 연구를 바탕으로 하는 기술의 전개가,

① 기초과학 혹은 이론의 확립→② 기술적 응용 · 혁신→
③ 기술의 발전과 사회적 보급→④ 사회적 성숙 혹은 포화

로 진행된다면, 정보 관련 기술에 관해 크게는 '①=1940년대 전후, ②=1960년~1970년대 전후(대형 컴퓨터 개발 등), ③ 1980년~2000년대 전후'라고 볼 수 있으며, 현재는 ④의 단계에 들어와 있는 시기라 할 수 있다.

그러한 의미에서 나중에 전개할 논의를 먼저 하자면, 우리가 살아가는 현재 시대는 이른바 **'정보 문명의 성숙화 혹은 포화'** 또는 **'포스트 정보화'**라 할 만한 국면을 향한 이행기라고 생각해야 한다. 향후 시대의 방향으로서 'IT혁명과 글로벌화'를 지나치게 강조하는 것은 잘못된 이해라 할 수 있다(이 화제에 대해서는 과학 그 자체의 내용이나 '생명'과의 관련성에 입각하여 제2부에서 더욱 깊이 고찰해보자).

'기대의 착취'와 자본주의의 자기모순

그렇다면, 1980년대 이후 뚜렷해진 미국 주도의 금융 자유화와 글로벌화에 대해서 생각해보자. 이때 작용한 중요한 이론 중 **'기대의 착취'**라는 개념이 있다(참고로 미즈노 가즈오에 따르면, 미국에서 금융업이 모든 산업 이익에서 차지하는 점유율은 1984년에는 9.6%에 지나지 않았지만, 2002년에는 30.9%까지 상승했다고 한다(2014)). 앞서 자본주의의 '시간적 확대'라고 부른 것은 이 점과 관련이 있다.

즉 일반적으로 금융이라는 영역이 수익을 올리기 위해서는 어떤 의미에서 '실물경제'의 생산과 소비 확대가 필요하다. 앞에서 언급한 신흥국의 공업화에 의한 경제 발전에 대해서는 그것이 그대로 들어맞았다. 가령 선진국의 국내 시장이 포화상태더라도, 신흥국의 공업화와 소비 확대에 이른바 '기생'하는 형태로 선진국의 자본주의는 당분간은 연명할 수 있다(그러한 '개척지' 자체도 서서히 축소하고 있지만).

반면 선진국의 국내 시장은 물질이 어느 정도 널리 퍼진 후에는 사람들의 소비가 점차 성숙화·포화되어, 기존과 같은 확대·성장은 바랄 수 없게 되었다. 최근 수십 년간 실제로 선진국은 이미 구조적인 저성장기에 들어섰다.

(＊)자본주의의 최종 단계로서의 금융 확대 국면　　이 점에 관하여, 세계 시스템론을 주장하는 학자 중 하나인 조반니 아리기Giovanni Arrighi는 제1장에서도 언급한 역사학자 브로델의 주장을 채용하여, 자본주의의 역사적 순환은 '물적 생산 확대의 국면과 금융적 확대의 국면'에 의해 구성된다는 논의를 20세기를 중심으로 전개하고 있다. 즉 브로델은 '자본주의적 발전은 금융 확대의 단계에 도달함으로써, 어떤 의미에서는 그 성숙에 도달한 것처럼 보인다. 그것은 가을의 조짐이다'라고 말했다(아리기(2009), 강조점은 인용자). 작금의 세계에서 '금융 완화' 정책의 확대는 이러한 시점으로도 파악되어야 할 것이다.

이러한 경제의 구조적 성장 상황에서 금융업이 이익을 창출하는 유효한 한 가지 방법이 바로 '기대의 착취'라고 부르는 것이다. 그 상징적인 예가 미국에서 발생한 이른바 '서브프라임 모기지론'이었다고 할 수 있다.

'서브프라임모기지론'은 이름에서 알 수 있듯이('서브'는 '아래', '프라임'은 '우량'이라는 뜻), 중간 소득층 이하를 대상으로 한 주택담보 대출 중 하나다. 처음에는 비교적 낮은 이자의 상품이었으나, 나중에 단번에 변제 이자가 높아진다. 미국에서는 1990년대부터 주택 거품이 형성되었는데, 이미 그늘이 드리워지기 시작한 상황에서 집을 살 여유가 없는 저소득층을 겨냥하여 이러한 상품을 만들었다. 하지만 갑자기 늘어난 이자로 인해 대출을 받은 사람은 부채 지옥으로 빠지고 말았고, 결국 주택 거품

이 붕괴하면서 시스템 전체가 파탄 지경에 이르렀다. 그리고 이것이 2008년의 리먼 사태 및 금융 위기의 원흉이 되었다.

한편, 내가 이것을 '기대의 착취'라고 부른 것은 다음과 같은 의미가 있기 때문이다.

앞에서 기술했듯이, 어느 정도 이상의 물질적 풍요가 실현된 선진국에서도 소득 격차는 존재한다. 어떤 의미에서는 소득 격차가 큰 사회일수록 상대적 격차에 대한 불만이 높아져서, 특히 통상적으로 중간층 이하는 현재보다 소득이 높아지기를 욕망한다. 그리고 이러한 소득 격차를 둘러싼 상황을 '재분배', 즉 세금이나 사회보장을 통한 고소득층에서 저소득층으로의 소득 이전에 의해 시정하고, 그리하여 나아가 (사회 전체의 소비 또는 수요를 확대해서) 경제성장을 꾀하는 것이 다름 아닌 앞서 언급한 케인스주의적 복지국가의 사고이며, 실제로 시행된 정책이었다.

이러한 재정 정책 주체의 대상에 대해 서브프라임모기지론에서 보인 '금융' 정책 주체의 대응은 (고소득자로부터 저소득자로의) **재분배를 시행하지 않고, 즉 소득의 평등화를 추진하지 않고,** 이른바 '미래'에 대한 저소득층의 '기대'에 호소하여, 그들의 미래 수익을 앞질러 수탈하는 구조다. 한편 부유층 등은 보유한 자금의 확대 그 자체에 관심이 높으므로, 이러한 정책은 적극적

으로 지지받는다.

심지어 더욱 근본적인 모순은 그러한 대출을 시행한 금융기관에 대해서는, 이른바 '**시스테믹 리스크**(=시스템 그 자체의 리스크)'라는 이름으로, 혹은 'too big to fail(대마불사)'라는 이유에서 곧잘 정부 혹은 국가에 의해 구제받는다는 것에 있다. 이때의 '시스템'이란 그야말로 '자본주의 시스템'이라 할 수 있는데, 이러한 구제책은 경제학자인 니시베 마코토西部忠가 주장한 것처럼 '자본주의의 자기 모순'이라고 불러야 한다(니시베(2014)).

왜냐하면 원래 자본주의는 적어도 겉으로는 '자유로운 시장, 경쟁, 자기 책임'이라는 원칙에 입각한 시스템이어야 하는데, 앞서 소개한 구제책은 역설적으로 자본주의의 중추 부분(여기에서는 금융기관)에서는 이러한 원칙이 적용되지 않는 모순을 드러내기 때문이다. 중추에 있는 자는 '자기 책임'의 원칙을 위배해도 구제되고, 말단에 있는 자에게만 자기 책임이 관철된다면, 그것은 지극히 '불공평'한 시스템이다.

브로델은 자본주의란 '반反-시장'의 지대에 있으며, '거대한 약탈자가 배회하며 약육강식의 논리가 통용된다'고 말했다. 때마침 여기에서, 우리는 현대적인 리얼리티를 지닌 채 제1장 첫 부분에서 소개한 브로델의 '**자본주의는 반-시장적이다**'라는 논의로, 회귀하게 된다.

금융시장의 '무한한 전뇌 공간'과 '의식의 무한화'의 비전

그렇다면 우리는 이러한 주제 전체를 어떻게 생각하고, 또 그것을 대신할 어떤 시스템을 구상해야 할까.

돌아보면 케인스 정책을 소개할 때 '수정자본주의'에 대해 언급했듯, 실은 지금까지 자본주의가 걸어온 길은 자본주의의 내용에 순차적으로 '수정'을 가해온 역사다. 심지어 그것은 자본주의의 더욱 근간 부분에 정부(혹은 국가)가 개입하는, 이른바 자본주의의 단계적인 '사회화'의 발걸음이었다고 할 수 있다.

그리고 1980년대 이후의 금융자본주의의 전개에 관하여 앞서 말한 상황을 바탕으로, 다음 단계의 자본주의 혹은 포스트 자본주의의 이상적인 모습을 '분배'(혹은 격차)라는 측면과, '확대·성장'이라는 측면 양쪽에서 파악하여 구상해가는 것이 이 책 후반의 과제다. 그 고찰에 들어가기 전에 지금 논하고 있는 주제가 그 뿌리에 품고 있는 깊은 의미에 대해서도 약간 고찰해보자.

그것은 앞서 살짝 언급한 '기대'에 관한 것이다.

사실 학자 중에는 인간의 (주관적인) '기대'라는 것은 어떤 의미에서 '무한'하며, 따라서 경제 혹은 자본주의는 문자 그대로 '무한한 성장·확대'가 가능하다고 생각하는 사람들이 있다.

제1장에서 근대의 자본주의가 처음부터 '무한'과 불가분의 관계였다는 점을 지적했다. 그것은 자본주의의 본래 이념에 충실한 생각이기도 하다.

글로벌 금융시장의 '무한한 전뇌 공간'은 어떤 의미에서 그 상징이라고도 할 수 있다. 그것은 과학·기술의 영역에 입각하여 보면, 다름 아닌 이 책의 머리말에서 언급한 커즈와일의 논의—최고도로 발달한 AI와 인체 개조가 융합하여 '의식의 무한화'를 꾀한다는 비전—과 공명한다. 우리는 이러한 화제를 어떻게 받아들여야 할까.

이 점에 대해 투철하게 논하는 사람 중 하나가 앞서 언급한 경제학자 니시베 마코토다(니시베(2014)). 니시베의 기본적인 주장은, '화폐가 있어야 비로소 시장과 상품이 존재한다'라는 점을 확인한 후에 화폐란 궁극적으로는 '환상임과 동시에 현실'이라는 것이다.

애초에 화폐가 일종의 관습적인 합의 혹은 신뢰로 성립한다는 점은 다시금 지적할 필요도 없을 것이다. 즉 지금 사용하고 있는 '돈' 그 자체는 그저 '종잇조각'에 불과하지만, 그것이 경제적으로 가치 있는 존재로서, 사람들이 이 사회 속에서 양해하고 사용한다는 전제가 있을 때 비로소 그것은 의미를 지닌다.

이것은 화폐라는 존재가 원초적인 곡물이나 가축 등에서 귀

금속(금·은), 주화, 지폐, 수표, 예금 통화, 그리고 전자화폐, 최근의 비트코인 등으로 진화한 흐름을 보면 더욱 명료해진다(니시베는 이것들을 화폐의 '정보화(탈물질화)'와 '신용 화폐화'라고 부른다).

이러한 의미에서 약간 어려운 말을 쓰면, 화폐란 '간주관적(공동주관적)인 양해' 위에 성립하는 존재이자 이른바 일종의 '공동환상'이며, 그러한 의미에서 '환상임과 동시에 현실'이라 할 수 있다. 여기에서 서장에서 제기한 '현실이란 뇌가 보는 (공동의) 꿈인가'라는 주제가 구체적인 현실성을 지닌 채 등장한다.

경제·화폐를 둘러싼 '환상과 현실'의 교차

그러나 니시베가 논하는 내용의 실질은 조금 더 미래에 있다. 이때 실마리를 제시하기 위해 그가 든 흥미로운 예가 '태양 흑점설'이다. '태양 흑점설'이란 원래는 영국의 경제학자인 윌리엄 제번스William Jevons가 주창한 황당무계한 가설을 가리킨다(제번스는 이 가설을 1875년부터 1882년까지 저명한 과학 잡지 『네이처』에 여러 차례 투고했다고 한다).

태양의 흑점 수는 태양 복사 활동과 관계가 있다. 복사 활동이 활발하면 지구상으로 흘러드는 에너지가 증대하여 기온 상

승 등의 기상이변으로 농업 생산성이 증대하여 그 결과 곡물 가격이 내려간다는 것이 태양 흑점설의 내용이다. 일본 속담 중에 '바람이 불면 통장수가 돈을 번다(무슨 일이 일어나면 돌고 돌아 뜻하지 않은 데에 영향이 미침의 비유—역자 주)'는 말이 연상되는 '인과관계'인데, 앞서 말한 제번스는 통계 자료를 근거로 이 가설(10~11년 주기로 변동하는 태양 흑점 수가 경기순환에 영향을 준다)을 주장했다.

그리고 이 이야기의 핵심은 다음과 같다. 태양 흑점설 그 자체가 사실로서 올바른지 아닌지는 별개로 하고, 만에 하나 이 가설을 많은 사람이 '믿는다'면, 어떤 일이 벌어질까 하는 점이다.

가령 태양 흑점이 늘어났다고 치자. 곡물 가격이 머지않아 내려간다는 태양 흑점설에 의한 예측에 근거하여, 생산자는 (가격이 내려가기 전에 팔자는 생각으로) 매도를 서두를 것이며, 반대로 소비자는 (가격이 내려갈 때까지 기다리자는 생각으로) 구매를 미룰 것이다. 바로 이러한 쌍방의 행동으로 인해 실제로 곡물 가격은 하락하게 된다. 즉 태양 흑점설이 객관적으로 옳은지 아닌지는 별개로, 이 설을 '믿는' 사람들의 주관적인 인식 때문에 태양 흑점설이라는 법칙은 '실현'된 것이다.

니시베는 이것을 '**관념의 자기실현**'이라는 말로 표현했다. 사실 이것은 일반적으로 '**예측(혹은 예언)의 자기실현**'이라고 불리는 현상과 실질적으로 공통의 메커니즘을 지닌다. '예측의 자

기실현'이란, 단순하게는 가령 "'중국이 머지않아 일본을 공격한다'고 많은 사람이 예측하여(혹은 누군가가 예언하고 사람들이 그것을 믿어서), 일본이 군사력을 대폭 강화했더니 그것을 본 중국이 위기를 느껴서 일본을 공격했다'는 예시에서 알 수 있듯이, '중국이 공격한다'는 '예측'이 그야말로 그 예측과 그로 인해 발생한 '현실'의 변화로 '자기실현'한 것이다.

'관념의 자기실현'에 관한 니시베의 논의로 돌아가면, 그는 추가로 이러한 태양 흑점설뿐 아니라 '사실'이라고 생각하는 경제 세계의 전반에 대해 '환상·관념, 현실·실재 사이에서 명확한 선을 긋는 것이 어렵다'는 근본적인 논의를 전개한다.

예를 들어 주식이나 환율에 대해 생산자, 기업 수익, 이자율 등 경제의 기초적인 제반 조건(펀더멘털)으로부터 이론적으로 계산되는 가격은 '펀더멘털 가격'이라고 불리며, 일종의 '객관적'인 시세라고 생각된다. 하지만 니시베는 이러한 '펀더멘털 가격'이 확고한 '현실'인가 하면 그렇지는 않다고 말하며, 왜냐하면 그러한 펀더멘털 가격의 산정 기준이 되는 기업 수익이나 이자율을 계산할 수 있게 하는 '화폐' 그 자체가 앞서 논의한 바와 같이 이미 '가상현실'이기 때문이라고 주장했다.

이렇듯 그는 '모든 것의 기초인 화폐 자체가 환상임과 동시에 현실이라면, 거품이 환상과 현실의 양면성을 지닌다 해도,

결코 이상한 것은 아니다'라고 의견을 마무리했다.

이 말은 더 깊이 파고들면 '인간의 경제 혹은 화폐는 모두 일종의 거품'이라는 파악에 이르는 것이리라. 다시 말해 인간의 경제란, 그 기반에 있는 화폐를 포함하여 주관적인 (공동) 환상이며, 서장에서 말했듯 그야말로 '뇌가 꾸는 (공동의) 꿈'이다.

여기에서 급하게 첨가하자면, 니시베는 이상의 논의를 현재의 화폐나 자본주의 시스템을 옹호하기 위해서가 아니라, 오히려 앞서 언급한 '자본주의의 자기모순'을 지적하면서 그것을 극복하기 위한 불가피한 작업이기 때문에 진행하고 있다.

즉 현재의 시스템을 개정하기 위해서는 원리적으로 화폐 그 자체의 모습을 바꾸는 것이 필요하다고 주장하며, 그것을 바탕으로 '커뮤니티 통화'(로컬 지역을 기본으로 자립 순환형 지역경제를 확립하는, 이자를 발생시키지 않는 화폐) 등을 제안했다(이것은 제3부에서 다룰 '커뮤니티 경제'의 논의와 이어진다).

반대로 말하면 경제에 대해서 이상과 같은 인식을 다른 방향으로 전개하여, '거품을 포함하여, 경제란 궁극적으로는 가상현실이다. 따라서 사람들의 기대나 관념 여하로 경제는 무한히 확대·성장해간다'는 생각을 채용하면, '아베노믹스'의 방향은 오히려 타당하다고 할 수 있을 것이다. 그것은 커즈와일적인 '의식의 무한화' 비전과 실질적으로 공통되는 세계관이다.

그리고 사실 아베노믹스(와 같은 물가 안정 목표제를 동반한 양적 금융완화책)의 평가를 둘러싼 찬반양론은, 궁극적으로는 지금 논하고 있는 '경제'나 '화폐'에 대한 (그것이 어디까지 '주관적' 혹은 '가역적'이며, 또한 '무한한 확대·성장'을 가능케 하는가를 둘러싼) 원리적인 이해의 차이에 도달하는 것이 아닐까.

우리는 이러한 주제나 향후 모습을 어떻게 고찰해야 할까.

커뮤니티·자연으로의 착륙

한 가지 실현 가능한 비전을 제시하자면, 우리는 시장경제를 무한히 '이륙'시키는 방향이 아니라, 오히려 그것을 그 근저에 있는 '커뮤니티'나 '자연'이라는 토대에 다시 한번 연결하여 '착륙'시키는 경제사회를 지향하고 실현해야 하지 않을까.

그림 3-1을 보자. 이것은 인간 사회와 자연을 둘러싼 전체적인 구조를 깔끔하게 정리한 것이다. 가장 상층에 있는 '개인'은 처음부터 독립하여 존재하는 것이 아니다. 그 토대에는 공동체 혹은 커뮤니티가 존재한다. 또한 공동체 혹은 커뮤니티도 '진공' 속에 존재하는 것이 아니라, 그 토대에 '자연'의 영역이 존재한다. 자연—식량이나 에너지의 원천이기도 하다—이

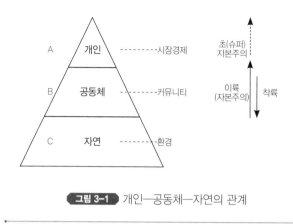

그림 3-1 개인—공동체—자연의 관계

존재해야 비로소 공동체·커뮤니티와 개인도 존속할 수 있다.

이러한 구조에서 (1)'개인'의 영역이 자유로운 경제활동 그리고 시장경제의 확대와 함께 그 토대인 '공동체'에서 크게 독립하여 '이륙'함과 동시에, (2)특히 공업화라는 사회 변동 및 그로 인한 산업 기술 전개와 자연자원의 개발·착취를 통해 '개인'(혹은 인간)의 영역이 '자연'의 영역을 강력하게 제어하면서, 그것에서 동떨어진 형태로 '이륙'했다—는 것이 지금까지 살펴본 16세기 전후부터의 근대사회 그리고 자본주의의 발자취라 할 수 있다.

제1장의 마지막에 정리했던 내용과도 이어지는데, '공동체로부터의 개인의 독립' 및 '자연으로부터의 인간의 독립'이라는

'이중 이륙'을 통해 전개해온 것이 '시장경제 플러스 확대 · 성장'을 기본적인 원리로 하는 자본주의의 전개 과정이었다.

그것은 기본적으로는 ①16세기 전후의 이탈리아 도시국가 등의 해양 무역 발전을 전사前史로 하여(시장화), ②16세기 전후 영국의 프로토 공업화에서 싹을 틔우고, 특히 18세기 후반 이후 산업혁명을 거치며 본격화한 공업화 · 산업화를 주축으로(산업화사회 · 전기), ③20세기 후반의 케인스 정책과 고도 대중 소비 사회를 통해 전개했으며(산업화사회 · 후기), ④1980년대 이후의 미국 주도의 금융 자유화 · 세계화(그 후의 리먼 사태와 금융위기)에 따라 그 극한에 달했듯이, 일관된 '확대 · 성장'의 벡터였다(다시 그림 2-2 참조).

그러나 그러한 '무한'을 지향하는 자본주의 경제의 발자취만이 독립하여 존속할 수 있다고 믿는 것은 잘못된 생각이리라. 왜냐하면 그림 3-1에서 본 것처럼, 인간의 경제는 가장 기본적인 토대로 '자연'이라는 유한한 영역을 지니며, 그 틀 안에서만 존속할 수 있기 때문이다. 동시에 그것은 '커뮤니티'라는 기반을 지닌다. 그것으로부터 시장경제가 그저 괴리되면 정도에 따라 다양한 격차와 분단이 발생하기 마련이다. 결과적으로 개인이나 인간이 토대 자체를 침식당하는 결과를 낳는다.

따라서 지금은 개인 혹은 시장경제의 영역을 그 토대에 있는

커뮤니티나 자연에 다시 한번 연결하여 착륙시키는 사회 시스템 구상밖에는 방법이 없지 않을까. 우리는 이 책의 후반(제3부)에서, 그러한 사회의 구체적인 비전을 '녹색 복지국가/지속 가능한 복지사회'라는 시점에 입각하여 제시하고자 한다.

의식 혹은 '사고하는 나'의 근원으로

한편, 앞서 '무한한 전뇌 공간'과 일체가 된 금융자본주의와 포스트 휴먼적인 '의식의 무한화' 비전의 동질성에 대해 지적했다. 후자에 근거하여 말하면 '시장경제를 그 토대에 있는 커뮤니티나 자연에 연결한다'는 방향은 '뇌'를 그 토대에 있는 '몸'에 '착륙'시키는 것이라고 말할 수 있으리라.

뇌 과학자인 안토니오 다마시오Antonio Damasio는 저서 『데카르트의 오류Descartes' Error』에서, 데카르트의 '나는 생각한다. 고로 존재한다'는 말로 상징되는 근대적인 자아관처럼, 자아와 의식, 사고 따위를 그 기반인 신체에서 떼어놓고 자존하는 것처럼 파악한 견해에 근본적인 이의를 제기한다. 다마시오는 자기나 의식의 밑바닥에는 안정된 유기체의 내부 환경에서 생겨난 '원자아protoself'가 있다고 말하며 그것을 빼고서는 자기의

식이나 사고, 감정과 같은 것을 생각할 수 없다고 주장했다(다마시오(2010), 다마시오(2013). 참고로 이 화제에 관해서는 나가사와永沢(2011) 참조).

사실 이 논의는 인간 사회에 관해 앞에서 제시한 그림 3-1의 내용과도 연결된다.

즉 그림 3-1을 조금 각도를 바꿔서, 이른바 '나(자기)의 중층구조'라는 시점에서 다시 파악해보자. 각각의 층에 대응하는 것은 약간 단순화하여 말하면,

> A 개인의 차원 : '사고하는 나'(=반성하는 자기 혹은 자아)
>
> B 공동체의 차원 : '커뮤니티적인 존재로서의 나'
>
> (=타자와의 관계성에서의 자기)
>
> C 자연의 차원 : '신체적인 나'(=비반성적인 자기 혹은 개체성)

라고 파악할 수 있는 '**나'라는 존재의 '중층성**'으로 이해할 수 있다(히로이(1994) 참조).

여기에서 살펴본 자본주의 및 근대과학의 세계관과 발자취가 그랬던 것처럼, 근대 이후 우리는 A의 차원을 B나 C에서 독립한 것이라고 간주하고 옳든 그르든 이 영역을 비대화했다. 자기나 자아에 입각한 논의로 말하자면, 가령 '독아론獨我論'이라는 근대 특유의 사고방식(타자의 의식의 존재는 확증이 없으며, 세계

에 존재하는 것은 나의 의식뿐이라는 사고)은, 앞서 말한 **A의 영역**(사고하는 나)**이 B**(커뮤니티)**나 C**(자연)**의 차원에서 독립하여 존재할 수 있다**고 생각하는 것이 그 핵심이다.

그리고 나의 본질이 '사고하는 나'에 있다면, 심지어 그것이 타자와의 관계성과 신체성을 떠나 독립적으로 존재할 수 있다면, 나의 기억 등과 함께 그것을 '스캔'하여 컴퓨터에 재현한다는 발상이 생겨나는 것은 자연스러운 일이다.

이렇게 고도로 발달한 AI와 정보 관련 기술, 생체공학 등과 함께 그러한 개인의 의식이나 사고, 기억, 감정 등을 모두 '정보화'하여 **'인간의 뇌를**(나아가서는 인격을) **업로드'**하는 일이 가능해진다는 것이 다름 아닌 커즈와일의 주장이었다(커즈와일(2007)).

그것은 '무한한 전뇌 공간'과 함께 금융자본주의가 무한히 확대할 수 있다고 생각하는 학자와 마찬가지로, '뇌와 커뮤니티 · 신체' 혹은 '시장경제와 커뮤니티 · 자연'의 관계에 대한 전도된 시각이 아닐까.

한편 '화폐나 경제는 모두 가상현실'이라는 논의나 서장에서부터 제기한 '현실이란 뇌가 꾸는 (공동의) 꿈'이라는 파악은, 인간 의식의 공동(주관)성이라는 점에 관해서는, 일정한 진리를 포함한다. 하지만 그것은 더욱 밑바닥에 있는 '자연' 혹은 '생명'의 차원(그림 3-1에서의 C의 차원)을 간과하고 있으며, 앞서 말한 '뇌

의 의식이 신체를 떠나 독립하여 존재한다'는 견해와 같은 오류를 내포한다.

이렇게 우리는 '제1부'에서 제기된 논의를 통하여 자본주의의 현재에 이르는 발자취와 그 임계점—전 지구적인 자연·환경 제약이라는 '외적 한계'와 수요의 성숙·포화라는 '내적 한계'—를 확인했다. 또한 우리는 그곳에서 비롯한 모순을 극복할 사회 구상의 입구에 서 있다. 그러한 구상은 필연적으로 과학이나 정보, 생명 등에 대해 원리적 고찰을 요구한다.

제2부에서는 그것에 대해 고찰하고, 이어지는 제3부에서는 새로운 사회 구상을 전개해보자.

제 2 부

과학 · 정보 · 생명

제4장 사회적 관계성

제2부에서는 자본주의의 진화를 둘러싼 제1부의 논의를 고려하면서, 자본주의/포스트 자본주의의 앞날을 전망하기로 하자. 이때 그 밑바닥에 깔려 있는 '과학'의 모습에 초점을 맞추어 과학의 자연관, 생명관 혹은 가치 원리에 대해 고찰해보자.

문제의 소재를 구체적으로 살펴보기 위해 논의의 실마리로서 우선 의료 혹은 의학·생명과학biomedical research 분야를 중심으로 하는 미국의 과학정책에 주목하여, 그것에서 파생한 과제를 다면적으로 분석해보자.

미국의 의학·생명과학 연구 정책

그림 4-1은 미국 연방 정부의 연구 개발 예산 추이다.

2015년도를 보면 1,340억 달러에 달하는 거액의 연구 개발 예산 중 절반 이상(51.9%)을 국방(군사) 분야가 차지한다. 이것은 제2차 세계대전 후 미국의 과학 정책에서 일관되게 보이는 양상으로, 냉전 상황의 살벌했던 1950년대나 레이건 재임 시절인 1980년대 후반 등에 그 비율이 특히 높았는데, 기본적인 양상은 현재도 크게 다르지 않다.

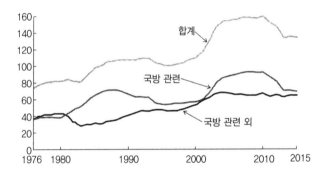

그림 4-1 미국 연방정부의 연구 개발 예산 연차 추이
(1976–2015년도, 10억 달러[실질])

(출처) AAAS(미국과학진흥회[American Association for the Advancements of Science]) 자료

그리고 제2차 세계대전 후 미국 과학정책의 또 하나의 특징은, 군사 분야 외로는 의료 혹은 의학·생명과학 분야에 압도적으로 많은 예산을 할당했다는 점이다.

그 상징적 존재가 다름 아닌 세계 최대의 의학·생명과학 연구·조성기관이라 할 수 있는 NIH National Institutes of Health(미국 국립보건원)다. 가령 2015년도 정부 연구 개발 예산 중 국방부 예산을 제외한 부분의 40% 이상(44.9%)을 NIH의 예산이 차지하며, 나아가 기본 연구에만 주목하면 NIH는 (군사 관련을 포함하여) 미국 정부의 전 연구 개발 예산의 약 절반(49.8%)을 차지한다.

그림 4-2는 국방 관련 이외의 연방 정부 연구 개발 예산의 분야별 추이를 나타낸 것이다. 1980년대 이후 의료 분야의 비중이 눈에 띄게 커졌다는 사실을 알 수 있다. 또한 '두 개의 M', 즉 Military(군사)와 Medical(의료)이 미국 과학정책의 두 기둥이다.

이처럼 미국에서 의료 분야의 과학 연구 예산이 두드러지는 커다란 배경 중 하나는 '공적 의료보험'의 정비 면에서 정부 지출이 매우 적다는 점을 들 수 있다.

이 점을 명확히 하기 위해, 여기에서 NIH를 중심으로 한 미국의 의료·생명연구정책의 발자취를 간단히 개관해보자(이 화제에 대해서 자세한 것은 히로이(1992)).

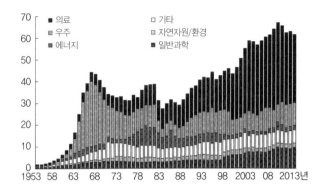

NIH가 실질적으로 창설된 시기는 제2차 세계대전 전인 1930년이며, 1937년에는 국립 암 연구소를 산하에 두었다. 하지만 이 시기는 비교적 소규모였다. NIH가 크게 성장한 것은, 바꿔 말하면 미국의 의료·생명과학 연구 투자가 비약적으로 확대한 것은 제2차 세계대전 후의 일이다.

그 배경 중 하나는 과학정책 분야에서는 잘 알려진, 당시 미국의 과학기술 정책 고문인 버니바 부시Vannevar Bush에 의한 보고서 『과학, 그 끝없는 미개척지science:the endless Frontier』와 그것을 기반으로 한 정책 전개였다. 1945년에 발표된 이 보고

서는 제2차 세계대전 후 미국의 과학정책에 큰 방향을 제시했다는 의미를 지닌다. 이 보고서에서 부시는 '질병에 대한 전쟁 war against disease'이 과학정책의 커다란 기둥이며, 정부가 의료 분야 연구에 지원하는 것이 미국 국민의 건강 수준 향상에 크게 기여할 것이라고 호소했다.

연구 지원과 공적 의료보험
──의료에 있어서 정부의 역할이란

더불어 미국에서 의료 분야의 과학 연구 예산이 많이 늘어난 또 하나의 배경으로서, 다음과 같은 정책 선택을 둘러싼 전개가 있었다.

그것은 제2차 세계대전이 끝난 지 얼마 지나지 않은 해리 트루먼Harry S. Truman 정권 시절에 '국민개보험Universal health care 제도' 창설에 대한 시비가 큰 논의로 불거진 일이었다. 이때 기본적인 쟁점은 '의료 분야에서 정부가 담당할 역할은 애초에 무엇인가' 하는 점이었다. 최종적으로 "의료 분야에서 정부가 중요한 역할을 맡는 것은 연구 지원(특히 기초연구)에 국한되며, 공적 의료보험 정비 등의 성과를 개인이 누릴 수 있느냐 없느냐

는 시장 혹은 '사'적 영역에 맡기면 된다"는 판단이 내려졌다.

상징적으로 말하면 정부는 연구·기술면에서 '세계 최고의 의학'이 실현되는 것을 적극적으로 지원하고, 그 성과를 받을 수 있을지 말지는 각 개인의 자조 노력(실질적으로는 의료 서비스의 대가를 지급할 능력)에 맡긴다는 사고방식이다. 이것은 제1부에서 말한 20세기 후반의 '과학 국가'(미국)와 '복지국가'(유럽)의 분기점이라는 파악과 고스란히 일치한다.

여하튼 이 역사적인 선택의 영향으로, 이후 NIH를 중심으로 미국의 의료·생명과학 연구 예산은 비약적으로 증가했다. 1948년에는 국립 심장 연구소 및 국립 치과 연구소가 신설되었고, 이듬해에는 추가로 국립 정신 보건 연구소가, 1950년에는 국립 신경·시각장애 연구소가 문을 열었으며, 이후 점점 거대해졌다. 제2차 세계대전 종전 후 전개된 이러한 흐름 속에서 '의학 연구 대국 미국'이 탄생하게 되었다.

그 후, 1960년대 후반에서 80년대 초기까지 NIH 연구 예산의 증가가 점차 둔화한 시기도 있었지만, 1980년대 이후 미국의 의료·생명과학 연구 예산은 다시금 크게 증가했다. 2000년대 부시 정권 시절에는 (군사 관련과 함께) 의학·생명과학 연구 분야 예산이 대폭 증가하여, NIH의 연구 예산을 '증대'하는 계획이 실행되었다. 오바마 정권 때는 뇌 연구에 대한 중점 프로

젝트가 시행되었는데, 무엇이 됐든 미국이 NIH를 중심으로 의료 분야의 연구 개발 정책을 더욱 강화한 것은 엄연한 사실이다.

의료 체계의 전체적 평가

지금까지 미국의 의료·생명과학 연구 정책의 흐름과 그 배경을 개관해보았다. 그러나 의료의 바람직한 모습을 생각할 때, 이러한 연구 관련 측면만을 주목하는 것은 단편적 시각이다. 따라서 의료 체계 전체를 시야에 넣어야 한다.

그림 4-3은 주요 선진국의 의료비 규모와 평균수명을 나타낸 것이다. 이것을 보면, 미국의 의료비 규모(GDP대비)는 선진국 중 단연 높다. 하지만 그럼에도 평균수명은 가장 낮다. 즉 **미국은 연구비를 비롯하여 의료 분야에 막대한 자금을 쏟아부었지만 그 성과나 퍼포먼스는 오히려 보잘 것 없다**는 말이다.

물론 한 나라 혹은 사회의 건강 수준은 무수한 원인에 의해 규정된다. 그것은 식생활 등의 생활습관에서 시작하여 경제 격차, 범죄율, 공적 의료보험의 정비 상황 등 복잡한 요인의 결과로서 나타나기 때문에 그림 4-3과 같은 그래프에서 일의적 결론이 나오는 것은 아니다.

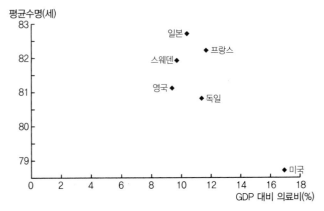

(주) GDP 대비 의료비(%) : 2012년. 평균수명 : 2011년. (OECD 데이터)

그림 4-3 GDP 대비 의료비와 평균수명의 관계(국제비교)

그러나 이와 같은 상황은 적어도 '연구 개발이나 특정한 분야의 개별 기술 향상이(혹은 그것에 우선으로 예산·자원을 분배하는 것이) 질병 치료나 건강 수준을 높이는 가장 유효한 방책'이라고 단언할 수 없다는 사실을 나타낸다. 따라서 이러한 주제를 고찰하려면 좁은 의미에서의 과학·기술을 넘어선, 의료 보험제도 등의 사회 체계를 포함한 포괄적인 시점이 필요하다.

일본의 현 상황으로 눈을 돌리면, 아베 정권 이후 의료 분야가 '성장 전략'의 중요한 축으로 자리매김하여 '일본판 NIH구상'이라는 말까지 들린다. 2015년 4월에는 일본판 NIH인 '국

립 연구 개발법인 · 일본 의료 연구 개발 기구AMED'가 발족했다
(다만 예산은 1,250억 엔 정도로, 미국의 NIH에 투입되는 3조 이상의 예산과는 비교가 되
지 않는다).

　이러한 방향에 관하여 내가 크게 걱정하는 것은, 이러한 움
직임이 이른바 TPP와도 하나가 되고(의료보험 분야의 규제 완화나 민간
보험의 참여 확대), 또 아베 정권이 적극적으로 추진하려고 하는 '혼
합 진료의 확대'(공적 의료보험과 사비 의료를 조합한 진료 형태의 확대)와도 연
동하며, 동시에 앞서 말한 '성장전략'으로서 '의료 산업의 확
대 · 성장'이라는 개발과도 결부하여 전개되었을 때 초래될 부
정적 결과다. 이미 미국의 현 상황이 그렇듯, 사비 의료의 확대
와 의료비의 폭등, 의료 혜택의 격차 확대와 계층화, 평균수명
혹은 건강 수준의 악화 등, 이른바 미국 의료체계의 '나쁜 점만
쏙 빼다 박은' 사태를 강하게 우려하는 것이다.

　어느 쪽이든 의료나 건강을 둘러싼 주제를 생각할 때는 연구
혹은 '기술 정책'만을 떼어놓고 논의해서는 안 된다. 그것은 사회
시스템 전체와의 관계를 고려하여 파악하고 구상되어야 한다.

'사회적 관계성'에 대한 주목

그리고 위에서 말한 점, 즉 의료와 건강을 둘러싼 주제를 생각할 때, 다양한 '사회적(소셜)'인 요소나 측면이 중요해진다는 점은 의료나 과학의 모습 자체에 관련된다.

기본적인 확인을 해보자면, 애초에 현재의 의학은 제2장에서도 언급한 17세기의 '과학혁명'에서 기원하는 것이며, 그 패러다임(사고의 틀)의 중심에 있는 것은 19세기에 성립한 '특정병인론特定病因論'이다.

그것은 '하나의 병에는 하나의 원인 물질이 대응하며, 그 원인 물질을 동정同定하여 제거하면 병은 치료된다'는 질병관이다. 특정병인론은 ①기본적으로 개인의 신체 내부의 물리 화학적 관계에 의해 병의 메커니즘이 설명된다고 생각하며, ②'원인물질→병'이라는 비교적 단선적 인과관계가 상정되어 있다는 특징이 있다. 이러한 특정병인론이 감염 병이나 외상 등의 치료에 있어서 절대적 효과를 거둔 것만큼은 사실이다.

그렇다면, 현재는 어떨까. '현대의 병'이라는 표현에서 알 수 있듯이 우울증 등의 정신질환을 포함한 만성질환 등으로 질병 구조가 변화하여 '특정병인론'만으로는 해결하기 어려운 질병이 오히려 일반적이다.

이러한 상황에서는 질병이란 신체 내부의 요인뿐 아니라, 스트레스 등 심리적 요인, 노동 시간이나 커뮤니티와의 연관성 등 사회적 요인, 빈곤·격차 등 경제적 요인, 자연과의 연계성을 포함한 환경적 요인 등 무수한 요인이 복잡하게 얽히고설킨 심신 상태에서 발생한다는 견해가 매우 중요해진다. 그리고 실제로 최근 발전하는 사회 질병social epidemiology이라고 불리는 분야는 '건강의 사회적 결정 요인social determinants of health'이라는 기본 콘셉트로 상징되듯, 그야말로 병이나 건강을 둘러싼 '사회적' 요인에 주목하여, 바람직한 대응책과 정책을 세우기 위해 연구와 분석을 시행하고 있다.

가령 이 분야의 대표적인 연구자 중 한 사람인 리처드 윌킨슨Richard Gerald Wilkinson은 자신의 저서 『평등해야 건강하다the impact of inequality』에서 비만 등 과거 사치병이라고 간주했던 질병의 사회적 분포가 역전하여 오히려 현재는 빈곤층의 병이 되었다는 점, 뉴욕 시의 할렘에서의 사망률은 방글라데시의 그것보다 높다는 점 등을 지적하면서, 소득 격차와 사회적 인간관계의 질, 그리고 심리 사회적 요인을 매개로 한 건강과의 관계 전체를 분명히 밝히려 했다(윌킨슨(2009), 더불어 사회역학에 관해서는 곤도近藤(2005) 참조).

관계성을 둘러싼 각 과학의 전개

그리고 내가 여기에서 주목하고 싶은 것은, 이처럼, '**개인**' 혹은 개체라는 것을 단순히 독립된 존재로서 받아들이지 않고, 타자와의 상호작용을 포함한 사회적(소셜)인 관계성 속에서 받아들이거나, 혹은 타자와의 협조 행동이나 공감, 이타적 행동에 초점을 맞추는 연구가 최근 문·리를 불문하고 다양한 학문 분야에서 '**백화요란**百花繚亂(온갖 꽃이 불타오르듯 피어 매우 화려함–편집자 주)'**처럼 생성 및 발전하고 있다**는 점이다.

그것은 예를 들어,

① 위에서 기술한 것처럼 건강과 병에 영향을 미치는 사회적 요인에 관한 '사회 역학'의 분야

② 서장에서 언급한 '소셜 브레인(사회뇌)'이나, 이른바 '미러 뉴런(타자의 아픔을 자기의 아픔으로 인식하는 기구에 관련한 뉴런 등의 연구)' 등에서 보이는 뇌 연구의 일부

③ 사람과 사람 사이의 신뢰나 커뮤니티 혹은 관계의 질에 관한 이른바 '소셜 캐피털(사회관계자본)'론

④ 인간의 이타적 행동이나 협조 행동에 관한 진화 생물학적 연구

⑤ 경제학과 심리학 혹은 뇌 연구가 연결된 이른바 행동 경제학 혹은 신경 경제학의 일부(여기에는 애정에 관한 뇌 화학 물질로 불리는 옥시토신에 관한 신경 경제학자 폴 잭Paul J. Zak의 연구 등도 포함된다)

⑥ 경제 발전과의 관계를 포함하는, 인간의 행복감과 그 규정 요인에 관한 '행복 연구' 등등의 전개다(이것들에 대해 프란스 드 발Frans de Waal(2010), 마이클 가자니가Michael S. Gazzaniga(2010), 로버트 퍼트남Robert David Putnam(2006), 우치다(2007), 도모노友野(2006), Bowels and Gintis(2011) 참조).

제1부에서도 논한 바와 같이, 원래 근대과학은 '독립된 개인'을 기본으로 두었다. 또(경제학 등에서는) 그 개인은 '이윤의 극대화'를 추구한다는 개체 중심의 모델이 상정되었다. 이상과 같이 개인 혹은 개체간의 '관계성'이나 협조 행동, 이타성 등에 주목하는 최근 각 과학 분야의 전개는 그러한 근대과학의 패러다임과는 이질적인 요소를 포함하며 나아가 과학의 새로운 방향성을 제시하는 것이라 할 수 있다.

과학의 변화에는 어떤 배경이 있는가

이상과 같은 현대 과학의 새로운 방향성 자체에 나 자신은 공감하고 있다. 단, 나아가 고차원적 수준의 이른바 조금 '한 발 뒤로 물러선' 견해도 중요하지 않을까.

가령 앞서 ⑤에서 제시한 바와 같이, 미국의 정신 경제학자인 폴 잭은, 옥시토신이라는 뇌 내 화학물질—엄마가 아기에게 모유를 먹일 때 등에 분비되며, 애정에 관여한다는 물질—에 주목하여(그야말로 "chemistry of love"), 인간의 애정 행동이나 이타적 행동의 중요성을 논했고 최근에는 『도덕적 분자the Moral Molecule』라는 저서를 출간했다.

그러한 주장의 방향 자체는 긍정적이라 할 수 있다. 그러나 (제3부에서 논하겠지만) 극단적인 빈부 격차가 존재하고, 인구당 교도소 수용 인구가 유독 많으며, 거의 순수한 자본주의가 지배하는 미국에서 이러한 주장이 나오는 데 대한 모순 혹은 아이러니를 더욱 강하게 느끼지 않을 수 없다.

또한 현 상황이나 대응책을 뇌 내 물질로 설명한다는 세계관 자체가 미국적이며, 그것은 한 걸음 잘못 디디면 '애정이나 도덕성의 근원이 되는 화학물질을 주입하여 인간을 현재보다 이타적으로 개조하여 제어할 수 있다'는, 포스트 휴먼론의 방향

과 겹쳐질 가능성이 충분히 있다(실제로 머리말에서도 언급한 부시 정권 시절의 생명윤리 평의회가 문제 삼은 정신 의료 분야에서 제시한 '기분을 좋게 하는 약'과 뇌 내 물질 논의는 연장선에 있다).

크게 바라보면 인간이라는 생물은, (근대과학과 신고전파 경제학이 상정해온 것처럼) 오로지 이기적 혹은 '이윤 극대화'만을 지향하지는 않는다. 그렇다고 해서 순수하게 이타적 혹은 협조적이지도 않다. 개인차는 있지만 양쪽 모두를 그러데이션처럼 지닌 존재라 해야 할 것이다. 그것은 지금까지의 역사 전체에서 나타난다고 할 수 있다(이 화제에 대해서는 히로이(2011) 참조).

이처럼 인간이 양면성 혹은 전체성을 지녔음에도 '인간은 본래 ○○이므로 ○○라는 처방전이 옳다'고 주장하며, 시대별로 한 가지 측면만을 강조해온 경향이 강했다. 가령, 근대과학의 틀 혹은 패러다임에서는 '개인'의 독립성과 이윤 극대화가 모델이 되었고, 근래에는 어떤 의미에서 그 정반대의 인간 이해가 강조되고 있다.

'지(知)'에 대한 생태학적 이해

최근 과학의 새로운 방향에 대해, 앞에서 '조금 한 발 뒤로

물러선 견해'라고 말한 것은 이 점과 연관되어 있다. 즉 여기에 서는 **관계성이나 인간의 협조성 등에 대한 주목 등을 포함하 여, 그러한 과학이나 지의 모습**(나아가서는 그곳에서 제시되는 인간관이나 자연관 등) **전체를 그 시대 경제 사회의 구조변화나 환경 등이 크 게 규정하지 않았을까** 하는 점이 핵심이다.

그것은 말로 표현하면 인간의 '지'에 대한 '생태학적' 파악 혹 은 이해라고 부를 수 있다(사적 유물론과 생태학의 관계에 관하여 히로마쓰 (1991) 참조).

이 시점은 사실 이 책에서 지금까지 전개한 논의와 다양한 수준에서 관련이 있다. 가령 제1부에서 본 것처럼, 18세기 초 에 네덜란드 출신의 사상가 맨더빌은 저서에서 '사적인 악이 공적인 이익으로 이어진다'는 '상식 파괴적'인 주장을 했다. 다 시 그 취지를 확인하면, 그 전까지는 절약을 미덕이라고 여겼 으나 모두가 절약만 하면 경제는 발전하지 않으며, 오히려 적 극적으로 낭비 혹은 소비 확대에 힘쓰는 것이 (경제 전체의 파이 확대 를 통해) 사람들에게 혜택을 주는 선善이라는 논리다.

맨더빌이 살던 시대는, 다름 아닌 유럽이 전 세계로 식민지 를 넓혀가던 시기였다. 즉 인간의 경제 활동이 기존의 자원 제 약을 극복하고 반영구적으로 확대할 수 있다고 믿었던 시대였 다. 사리의 추구가 선이라는 (자본주의의 정신이라 할 수 있는) 사상은 이

러한 시대 상황과 뗄 수 없는 관계였다.

또한 서장에서 기원전 5세기 전후의 추축시대에 생성된 보편사상에 대해 언급할 때, 당시 산림 파괴와 토양 침식 등 농경 문명이 자원적·환경적 한계에 직면했던 것과의 연관성을 지적했는데, 이것 또한 새로운 윤리나 사상, 관념은 '진공' 상태에서 생겨나는 것이 아니라, 오히려 그 시대의 역사적 상황과 경제 구조, 혹은 풍토적 환경 등을 기반으로 하여, 그것들과 불가분의 관계로서 생성된다는 주장이었다.

이렇게 고찰해가면, **일반적으로 인간의 관념, 사상, 윤리, 가치 원리는 궁극적으로 한 시대 상황에서 인간의 '생존'을 보장하기 위한 '수단'으로서 생성하는 것이 아닐까** 하는 발상이 떠오른다. '지에 대한 생태학적 이해'란 이런 의미이다.

시점을 역으로 바꿔 보면서 앞서 살펴봤듯이 최근 과학에서 **인간의 이타성과 협조 행동 등이 강조되는 이유는 현재의 경제 사회가 그러한 방향으로 행동과 가치의 역점을 변화하지 않으면 인간의 존속 자체가 위험한 상황에 봉착했다**는 증거라 할 수 있을 것이다.

그리고 그것은 이 책의 주제인 포스트 자본주의 혹은 '확대·성장에서 정체로의 이행'이라는 시대 상황과 호응한다. '포스트 자본주의/포스트 성장'이라는 시대 상황에 적응한 과

학과 지, 그리고 가치 원리가 요구되는 것이다.

정보/커뮤니티에서 생명으로

화제를 다시금 '사회적 관계성'이라는 주제로 돌려서 지금까지 전개한 논의의 흐름을 우선 정리하면, 그림 4-4와 같은 구조가 떠오른다.

즉 앞에서도 말했듯이 근대과학은 (타자와 자연에 대해) '독립된 개인'을 전제로 세우고, 그러한 객관적인 관찰자의 시점에서 자연 혹은 세계를 외재적으로 파악하려고 했다. 제1부에서도 살펴본 것처럼 17세기 과학혁명 이후, 물리적 세계를 이해할 때 우선 '물질'과 '힘' 등의 개념이 세워졌고, 이윽고 공업화가 전개되자 그 대상이 열 현상이나 전자기에 이르렀다. 또한 정보를 둘러싼 이론이나 기술이 발전하여 '정보'가 중요한 개념으로서 도입되고 전개되었다.

이 경우 '정보'는 '커뮤니티'라는 개념과 깊은 연관이 있다.

즉 정보라는 콘셉트는 복수의 주체 사이에서의 '의미'의 인식과 공유, 그리고 그 전달 혹은 커뮤니케이션이라는 것과 불가분의 관계에 있다는 점에 주의할 필요가 있다.

그리고 이 장에서 최근 과학이 개인을 단순히 독립된 존재로만 파악하는 것이 아니라, 타자와의 관계성이나 상호작용, 이타성과 개인 간의 협조 행동 등에 주목하는 방향으로 새롭게 전개되고 있다고 말했다. '정보'를 포함하여 이러한 과학의 흐름은, 그림 4-4의 피라미드에서 **근대과학이 상층의 '개인' 단계에서 그 시점이나 관심을 중층 단계**(정보나 커뮤니티, 개체 간 관계성에 관한 단계)**로 옮겨왔다**고 파악할 수 있을 것이다.

그러나 탐구는 여기에서 끝나지 않는다. 앞서 기술한 '물질' 혹은 '힘'→'에너지'→'정보'라는 흐름에 따라 말하면, 제3장의 '포스트 정보화'라는 주제에서 언급한 것처럼 '정보' 개념에서는 더욱 충분히 해명할 수 없는, 나아가 더욱 밑바닥에 있는 '생명과 자연의 내발성內發性'과 같은 영역(그림 4-4의 토대 부분)에 탐

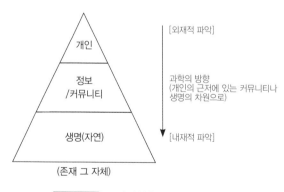

그림 4-4 근대과학을 둘러싼 구조와 변용

구가 진행되고 있는 것이 현재다(즉 그림 4-4는 제3장에서 자본주의/포스트 자본주의의 앞날에 대해 논의할 때 참고했던 그림 3-1과 실질적으로 호응하는 내용이며, 경제 사회의 모습과 과학의 전망이란, 이러한 점에서도 평행 관계에 있다고 할 수 있다).

이러한 이해를 바탕으로, 다음 장에서는 가장 밑바탕에 깔린 생명과 자연의 차원에 관심을 기울이면서 과학의 미래와 그것을 통한 자연관, 생명관의 방향에 대해 고찰해보고자 한다.

제5장 자연의 내발성

　자본주의/포스트 자본주의라는 주제를 축으로 하는 미래 사회를 구상할 때, 과학과 기술의 모습이 그 핵심 혹은 밑바탕에 위치하는 것은 자명하다. 또한 일본의 상황에 비추어 말하자면 '3·11 동일본 대지진 이후'라는 시대 상황에서, 원전이나 에너지 정책을 둘러싼 논의는 동시대적인 현실감각을 지닌다.
　그리고 이와 같은 주제를 생각하려면 아무래도 근대과학의 자연관과 생명관이라는 뿌리 부근까지 거슬러간 사고가 불가피하다. 따라서 제5장에서는 꽤 깊은 수준까지 고찰하려 한다. 제4장의 논의도 고려하면서 이러한 화제에 대해 파헤쳐보자.

세계 전체를 어떻게 이해할 것인가
——비생명—생명—인간

우선 근대과학의 기반을 이루는 자연관 · 생명관을 둘러싼 큰 시각을 얻기 위해서, '이 세계에서 발생하는 다양한 현상을 어떤 틀로 받아들일 것인가' 하는 점에 관한 다양한 사고 혹은 입장을 표 5-1로 구분하여 정리해보았다.

표 5-1 세계의 이해에 관한 네 가지 입장
——'비생명—생명—인간'의 경계를 둘러싸고

입장	내용	예
A 모두 기계론적	물리적 현상—생명현상—인간에 대해 기계론적 원리에 의해 통일적으로 파악할 수 있다	● 근대과학 전반 ● 뉴턴(단, '힘' 개념의 다의성) ● 다원주의
B 인간 이외/인간 사이에 경계가 존재	인간과 인간 이외의 존재와의 사이에 본질적인 경계가 존재한다(특히 '정신과 물질'의 불연속성)	● 유대=기독교적 세계관 ● 데카르트(정신/물질)
C 비생명/생명 사이에 경계가 존재	비생명현상과 생명현상 사이에 본질적인 원리의 차이가 존재한다	● 한스 드리슈Hans Driesch ('엔텔레키entelechy') ● 에르빈 슈뢰딩거Erwin Schrodinger(음의 엔트로피)
D 모두 연속적	물리적 현상—생명현상—인간 전체를 꿰뚫는 형성원리가 존재한다	● 일리야 프리고진Ilya Prigogine(비평형열역학)~개방정상계開放定常系 ● 생명의 자기 조직성 ● 헤켈과 빌헬름 오스트발트 Wilhelm Ostwald ● 애니미즘

그것은 바꿔 말하면 세계에서 '물리적 현상—생명현상—인간'의 전체를 어떻게 인식할 것인가 하는 물음에 관한 견지라고도 할 수 있다.

기계론과 뉴턴의 '힘'

각각의 항목을 간략하게 설명하면, 우선 A의 입장은 물체의 운동과 열, 전자기 등의 물리적 현상과 생명 현상, 나아가 인간의 정신 활동을 포함하여 모든 것을 '기계론적'으로 파악할 수 있다는 입장으로, 다름 아닌 '(서구) 근대과학'의 기본적인 이해라 할 수 있다(또한 '기계론적'이라는 말 또는 개념의 의미는 반드시 명확하지는 않으므로 나중에 다시금 고찰하도록 하자).

그러나 A의 입장도 자세히 살펴보면 그 자연관 및 세계관은 보통 생각하는 것처럼 단순하지 않다.

한 예를 들면, 기계론적 자연관의 대표 격인 뉴턴의 역학 체계의 근간을 지탱하는 것은 '힘'이라는 개념이다. 그러한 힘의 대표 격인 만유인력은 '아무리 떨어져 있는 물체 간에도 작용하는 힘'이라고 상정된다. 이것은 어떤 의미에서는 알 수 없는 존재이며, 그것은 문자 그대로 '만물에 힘이 깃들어 있다'는 일

종의 '애니미즘'적 자연관이라고 해도 이상하지 않다.

흥미롭게도 사실 뉴턴은 자기 자신이 그것을 잘 자각하고 있었다. 그는 가령 『광학』에서 "따라서 자연계에는 물체의 입자를 매우 강력한 인력으로 결합할 수 있는 능동자가 존재한다. 그리고 그것들을 도출하는 것이 실험 철학의 임무다"라고 썼다. 여기에서 뉴턴이 쓴 '능동자'란 물론 기독교의 신을 가리킨다.

또한 이러한 점에 관하여 과학사학자인 알렉상드르 쿠아레 Alexandre Koyré는 "가령 인력은, 뉴턴에게는 순수한 기계론이 불충분하다는 증거이자 더욱 고차원적이라 할 수 있는 비기계적 능력의 존재 증명이며, 세계에서 신의 임재와 작용을 드러내는 것이었다"라고 말했다(쿠아레(1973), 강조점은 인용자).

과학사의 영역에서는 뉴턴이 연금술이나 신화 연구에 몰두했다는 사실은 잘 알려진 사실이며, 뉴턴뿐 아니라 17세기 과학혁명을 지탱한 많은 인물이 독실한 기독교 신자였다. 오히려 그런 사실 자체가 과학적 탐구에 임할 때 본질적인 동기부여가 되었다는 사실은 다양한 형태로 논의되어 왔다(가령 Westfall(1973)).

그러한 점을 고려하면서, 당장 여기에서는 언뜻 순수하게 '기계론'적으로 보이는 뉴턴의 고전 역학적 세계상을 지탱하는 '힘'에 대해, 뉴턴 자신은 그것을 기독교의 신과 결부 지어 이

해했다는 점, 또한 해석의 방향에 따라서는 그것을 애니미즘으로 이해하는 것(혹은 그 외에도 어떤 세계관과 신앙과 결부시켜 받아들였다는 점)도 가능하다는 점을 지적해두고자 한다.

인간과 인간 외, 혹은 '정신과 물질'

다음, B의 입장은 '인간'과 '인간 외(의 생물과 자연)' 사이에 본질적 경계선이 있다고 생각하는 것이다.

어떤 의미에서 이것은 기존에도 다양한 형태로 논의되어온 것처럼, 유대=기독교적인 세계관으로 상징된다. 또한 그것을 하나의 커다란 기반 혹은 기둥으로 하는 근대과학의 상징이라고도 할 수 있다.

중요한 것은 이 견해에 선다면 '인간과 인간 외' 사이에 가장 중요한 경계선이 그어진다는 사실이다. 나중에 소개할 C의 입장은 '생명과 비생명'과의 사이에 본질적 차이는 없다고 간주하며, 오히려 연속적으로 파악한다. 즉 바꿔 말하면 동물은 '기계'와 마찬가지라는 세계관이다.

흥미롭게도 근대과학 혹은 기계론적 자연관의 대표적 철학자 중 한 명으로 거론되는 데카르트는 그러한 주제에 대해 논

한 바 있다.

　데카르트는 다음과 같은 물음을 세운다. "원숭이의, 혹은 다른 이성을 갖지 않는 동물의 기관器官과 같은 외형을 갖춘 기계가 있다고 가정하고, 그런 기계가 그러한 동물과 같은 성질의 것이 아니라고 인정하는 방법은 원래 있을 수 없다", 그런데 "우리 인간의 신체와 닮았으며 인간의 행위를 가능한 한 실제와 가깝게 모방하는 기계가 있다고 칠 때, 그것이 진짜 인간이 아니라는 것을 아는" 방법이 존재할 수 있는가? 즉 데카르트는 여기에서 '동물과 기계' 사이에 본질적인 차이가 없다고 간주한다면, '인간과 기계'에 대해서는 어떤지를 묻고 있다.

　흡사 그것은 지구를 탈출한 안드로이드가 다시 공격해오는 것을 저지하는 사명을 띠고, 안드로이드와 진짜 인간을 구별하는 방법에 대해 고민하는 영화 「블레이드 러너」(원작은 이 책의 머리말에서도 언급한 필립 K. 딕의 SF소설 「안드로이드는 전기양의 꿈을 꾸는가?」)의 주인공이 던지는 물음과 닮았다.

　이 물음에 대한 데카르트의 답은 인간과 기계에는 본질적인 차이가 있다는 것이다. 데카르트는 둘의 차이를 구별하는 '지극히 확실한 두 가지 방법'이 있다고 주장한다. 그것은 첫째, 언어 둘째, 마음속 의사意思의 존재다. 이것을 통해 데카르트는 자신이 상상하는 '인간 기계'—일종의 안드로이드—와 인간 사

이에 선을 긋는데, 이것은 바로 '인간과 동물'의 절대적인 구별법과도 겹친다(데카르트(1953)).

그리고 그러한 '인간과 다른 존재' 사이의 경계선은 바로 '정신과 물질'이라고도 바꿔 말할 수 있다. 즉 데카르트는 『방법서설』의 해당 부분을 다음과 같이 결론지었다.

"……인간과 동물이 얼마나 다른지를 알 때, 우리의 정신이 신체에서 완전히 독립된 본성에 속한다는 점, 따라서 신체와 함께 사멸하지 않는다는 점을 입증할 이유를 더욱 잘 이해하여, ……이렇듯 당연하게도 인간의 정신은 불멸이라고 판단하는 것이다."(1953)

이러한 데카르트적 세계관은 여기에서 정리한 B의 입장(인간과 인간 외의 존재 사이에 본질적인 경계선을 긋는)의 대표적인 견해라고 할 수 있을 것이다.

비생명과 생명
──엔텔레키와 음의 엔트로피─

이상과 같이 '인간과 인간 외'의 존재 사이에 경계를 긋는 입장과는 달리, 이어지는 C의 입장은 세상에서 일어나는 현상

중 비생명과 생명 사이에 본질적인 경계선을 긋고, 후자(생명)는 전자에 '환원'할 수 없는 고유의 특질을 지닌다는 사고다.

가령 '신생기론자'로 알려진 독일의 생물학자 한스 드리슈 Hans Driesch(1867~1941)의 자연관이 바로 여기에 해당한다고 할 수 있다. 드리슈는 생명 현상에 고유의 '엔텔레키'라는 개념을 주창했다. 그것은(아리스토텔레스의 '엔텔레케이아(목적인)'에서 유래한 조어) 생물의 '목적성'에 주목하는 것인데, 여기에서는

· 생명 외의 자연현상……인과론적 파악이 가능
· 생명……인과론적 파악으로 환원할 수 없는 '목적론' 을 지님

이라는 형태로 인과론적 결정인지 비결정인지의 차이가 생명과 비생명을 나누는 본질적인 분수령이라고 생각하는 것이다.

드리슈의 '엔텔레키' 개념은 생명과학 안에서는 이단으로 여겨져서 잊히고 말았다. 하지만 앞서 쓴 바와 같이 생명과 비생명 사이에 있는 일종의 불연속이 존재하고, 생명현상이 비생명과는 다른 어떤 고유의 원리에 의해 움직이고 있다는 견해는 드물지 않다.

그 상징적인 예가 물리학자 에르빈 슈뢰딩거Erwin Schrödinger

가 자신의 저서 『생명이란 무엇인가What Is Life?』(1944)에서 전개한 비교적 널리 알려진 다음의 논의다. 슈뢰딩거 논의의 핵심은 '생물은 음의 엔트로피(네겐트로피)를 먹고 살아간다'는 것인데, 원래 엔트로피란 크게 말해 다양한 현상의 '무질서' 정도를 가리키는 개념이다. 세계 혹은 우주는 내버려두면 무질서가 증대하는 방향으로 향한다는 주장으로, 바로 이것이 '엔트로피 증가법칙'(열역학 제2법칙)이다.

하지만 생명은 그러한 엔트로피의 증대 법칙을 '거슬러' 존재한다. 즉 '무질서에서 질서를 창출'하는 것이 생명 현상의 본질이다. 그것을 슈뢰딩거는 비유적으로 '생물은 음의 엔트로피(네겐트로피)를 먹고 살아간다'고 말했다.

이것은 비생명적인 현상을 다루기 위한 분야인 열역학이라는 개념을 사용하여 '생명' 현상을 해명하는 하나의 접근 방법을 제시한 것이다. 따라서 20세기 후반의 생명 현상에 관한 분자생물학적 탐구를 뒷받침했다. 하지만 그 실질에 착안하면, 비생명과 생명 사이에는 전혀 다른 원리가 작용하고 있다고 생각하는 점에 대해, 실은 앞서 드리슈적인 세계관과도 일맥상통한다고 할 수 있을 것이다.

자기 조직성 혹은 생명/자연의 내발성

마지막으로 D인데, 이것은 비생명—생명—인간을 모두 연속적인 것으로 간주한다. 그러는 한 그것들 전체를 포함한 일종의 통일적인 자연관 혹은 세계관을 지니는 것이다.

자연과학의 영역에서 이런 입장을 보인 주요 인물이 바로 벨기에의 화학자 일리야 프리고진이다. 그의 연구는 비평형 열역학이라 할 수 있다.

요점만 간단히 말하자면, 프리고진은 평형 상태에서 동떨어진 불안정한 (비평형)계系에서, 일정한 조건하에서 일종의 질서적인 패턴이 자연 속에서 발생한다는 점에 착안하여, 그것을 산일구조dissipative structure라고 명명하고 분석했다(1977년에 노벨화학상 수상). 바로 '자기 조직화' 현상이라고도 불리는 개념인데 자연 현상은 내버려두면(엔트로피 증가법칙하에서) 그저 '무질서'가 증가할 뿐이라고 규정하는 기존의 이해와는 다른 자연관이라 할 수 있다. 즉 그것은 '비생명'의 영역에서도 '혼돈에서 질서'가 생성되는 현상을 발견하는 것이며, 앞서 언급한 C처럼 '생명—비생명' 사이에 명확한 선을 긋는 견해와는 다른 세계관이다.

실제로 프리고진이 자신의 저서 『혼돈으로부터의 질서Order Out of Chaos』에서 거듭 말하는 것도, 자연을 그렇게 이해함으로

써 근대과학의 틀에서 발생하고야 마는 '인간과 자연' 사이의 단절된 부분에 어떻게든 다리를 놓자는 생각이었다(프리고진 외 (1987)).

그것은 **자연 그 자체 안에 질서 형성을 향한 잠재력이 내재하며, 그것이 전개하면서 생명, 인간**(혹은 정신)**과 같은 존재가 생성했다**고 간주하는, 이른바 일원론적 세계상이다.

방금 '질서 형성을 향한 잠재력'이 자연에 내재되어 있다고 말했는데, 이러한 의미에서 이것은 '현대과학에 의해 정교하고 치밀해진 애니미즘적 자연관' 혹은 애니미즘의 현대적 복권이라는 측면을 분명히 지닌다.

참고로 이 점에 관하여 철학자인 오모리 쇼조大森莊蔵는 근대 이전의 세계관을 '약화略畵적 세계관', 근대과학의 세계관을 '밀화密畵적 세계관'이라고 크게 구분했다. 나아가, 전자의 복권이 반드시 후자의 파괴로 직결하지는 않는다고 주장하며, 근대과학과 '활자연'과의 공생, 혹은 하늘과 정원을 '유정有情의 것'으로 보는 자연관의 회복을 논했다(오모리(1985)). 또한 과학사학자인 이토 슌타로는 각 문화권의 '자연' 개념의 비교를 근거로, '자기 형성적인 자연'이라는 자연관의 중요성을 강조했다(이토 (1985, 2013) 참조).

기계론과 애니미즘의 접점
──일원론적 세계상

지금까지 '세상 전체를 어떻게 이해할 것인가' 하는 주제에 따라 A부터 D까지 구분하여 개관했다. 우리는 그것을 통해 어떤 점을 깨달을 수 있을까.

우선 근대과학이 출발점으로 삼은 A와 같은 기계론적 자연관과 자연의 자기 조직성을 중시하며 '애니미즘의 현대적 복권'이라 할 수 있는 D와 같은 입장은 대극적 성격을 지니면서도, 사실 의외로 유사성을 지니고 있다는 점을 들 수 있다.

유사성이란 한마디로 말하면 세계 혹은 자연과 인간을 포함한 '삼라만상'에 대한 '일원론적' 견해다.

뉴턴적인 자연 이해로 세계를 바라보면, 이 세상 모든 현상은 기계론적 혹은 역학적 물리학 법칙을 통해 파악할 수 있다. 다만, 이미 살펴본 것처럼 그 배후에는 모든 것의 동인動因인 '신'이 상정되어 있다.

한편, 프리고진으로 상징되듯, 근래 자연과학의 전개는 오히려 자연 그 자체에 일정한 질서를 불어넣는(자기 조직적인) 힘 혹은 잠재력이 내재한다는 자연관에 도달한다.

즉 세계 혹은 자연의 '궁극적인 동인'이라고도 할 수 있는 것

을, 뉴턴적인 세계상에서는 자연의 '외부'에, 프리고진적인 세계상(혹은 애니미즘을 통한 이해)에서는 자연의 '내부'에서 발견한다. 하지만 비생명이나 생명, 그리고 인간을 포함한 모든 것을 일원적으로 파악한다는 점에서 둘은 공통점이 있다. 다시 말하면 '인간과 인간 외' 존재 사이에 선을 긋거나(B의 경우), '생명과 비생명'를 절대적으로 구분(C의 경우)하지 않는다.

이상의 점은 다음과 같은 전개의 결과로 파악할 수 있다.

즉 근대과학의 프로그램은 자연 혹은 세계의 다양한 현상을 기계론으로, 즉 비생명적인(생물 화학적) 현상으로서 파악하는 것을 목표로 출발했다(생명현상 고유의 것이라 할 수 있는 드리슈의 '엔텔레키' 같은 개념도 부정되었다).

그것은 또, 자연 혹은 삼라만상이 '살아 있다'고 파악하는 애니미즘적 세계관과는 극과 극을 이루는 것이었다. 하지만 탐구가 진행됨에 따라 생명과 비생명 사이에 절대적인 경계선을 그을 수 없고, 오히려 둘 모두에게 일관된 질서 형성의 원리가 존재한다는 것이 서서히 밝혀졌다(프리고진의 비평형 열역학 등). 그에 따라 인간이나 그 정신도 그러한 자기 조직화의 일환으로써 파악하다 보면, 그 결과로서 '모든 것을 기계론적 혹은 비생명적 현상으로 파악'하는 것이 실질적으로 가능해진다.

그러나 생각해보면 '생명'이라는 개념은 '비생명'이라는 개념

과 대조를 이룰 때 비로소 성립된다. 그러므로 '모든 것은 비생명적인 현상으로서 파악할 수 있다'고 말하는 순간, 그것은 역설적이게도 '모든 것은 생명적인 현상이다'라고 말하는 셈이 된다. 바꿔 말하면 그것은 '생명─비생명'이나 '인간(혹은 정신)─인간 외' 존재와 같은 이원론적 견해가 아니라 일원론적인 견해이므로, 기계론과 애니미즘은 어떤 의미에서는 구별할 수 없다. '기계론으로 모든 것을 설명하려 한다면, 인간과 인간 외 존재, 혹은 생명과 비생명의 경계선이 없어지고, 새로운 애니미즘으로 회귀'하는 것이 현대 과학에서 일어나고 있는 현상이 아닐까.

근대과학의 두 가지 축

이상의 논의를 근대과학의 성립을 둘러싼 역사적 전개 속에서 다시 파악해보면 어떨까.

제2장에서 언급한 화제로 다시 돌아가게 되는데, 일반적으로 근대과학─17세기의 이른바 과학혁명을 통해 유럽에서 생성된 과학─에서는, 그 본질적인 특질로서 다음 두 가지 축을 확인할 수 있다.

(1) '법칙'의 추구 —배경으로서의 '자연 지배' 혹은 '인간과 자연의 단절'

(2) 귀납적 합리성(혹은 요소 환원주의) —배경으로서의 '공동체에서 독립한 개인'

이 중 (1)은 자연현상 속에서 어떤 (인과적인) 법칙law을 발견해 가는 태도를 가리킨다. 이러한 자세가 유대=기독교적 자연관과 깊은 관련을 지닌다는 점은 과학사 영역에서 이전부터 종종 지적되어왔다. 가령 영국의 저명한 과학사학자인 알프레드 홀 Alfred Hall은 다음과 같이 말했다.

"이 '자연의 법칙law of nature'이라는 관념은 고대 그리스에서도 극동(동아시아—역자 주)에서도 볼 수 없었던 발상이며, 그것은 중세 유럽 특유의 종교적, 철학적, 그리고 법학적 개념의 상호작용에서 생겨난 것이다. 이 '자연의 법칙'이라는 생각은, 분명히 사회적 · 도덕적인 의미에서의 '자연법natural law'이라는 사고—이것은 중세 법률가가 즐겨 사용한 개념이다—와 연관되어 있으며, 이러한 사고는 자연에 대한 그리스적인 태도와는 크게 다르다. 이런 형태로 '법칙'이라는 말을 사용하는 것을 고대 그리스인들은 이해하지 못했을 것이다. 그것은 유대=기독교적인, 즉 신이 세상을 창조했으며 신만이 세상에 '법칙'을 부여한

다는 발상에서만 유래하는 것이다."(Hall(1983), 강조점은 인용자).

그리고 이러한 '자연의 법칙' 추구라는 자세의 배경에는 (신一인간一자연이라는 히에라르키hierarchy(조직 및 집단질서, 개인의 권력적, 신분적, 기능적 서열관계가 정돈된 피라미드 체계—역자 주)적인 질서를 전제로) 자연과 인간 사이에 명확한 경계선을 긋고서 인간이 자연을 지배 혹은 제어해야한다는 자연관이 있다고 볼 수 있다.

한편, 앞서 근대과학의 특질 중 또 하나의 축으로서 지적한 (2)의 '귀납적 합리성'은 역사적으로는 고대 그리스적인 사고 방식에서 기원한다고 파악할 수 있다.

즉 그리스의 경우, 지중해라는 천혜의 자연환경에 둘러싸여 있었기에, 유대=기독교의 토양이 된 '(지배되어야 할) 적대적 자연'이라는 관념이 약하다. 반면, 폴리스라는 시민사회의 전개에서 엿볼 수 있듯이, 그리스에서는 근대 민주주의의 맹아라 할 수 있는, 공동체로부터 일정한 독립성을 지닌 '개인'이라는 관념이 생겨났다.

이것은 과학과 자연관 측면에서 바라볼 때, 특정한 공동체에서만 통용되던 신화적 · 전통적 설명 양식을 물리치고, 도시에서 서로 다른 배경을 지닌 다양한 개인이 대화를 통해 상호 이해하는 장이 열렸음을 의미한다. 나아가 경험적 혹은 실증적인 합리성을 중시하는 데 도달했으며 그것이 바로 고대 그리스

과학의 토대가 되었다.

또한 이러한 사고방식은 자연관의 내용으로서는 이른바 요소 환원주의적 파악에 가깝다. '공동체에서 독립한 개인'이라는 점에서, 자연과 사회 현상을 그 요소(혹은 개체)의 집합체로서 파악하려는 발상이 금방 도출되기 때문이다.

그리고 근대과학의 핵심을 가장 둔화시켜 추출한다면 앞서 소개한 두 가지 요소, 즉 (1)'법칙'의 추구, (2)귀납적 합리성을 각각 유대=기독교적인 전통 그리고 그리스적 사고방식으로부터 받아들이고 통합하는 형태로 성립했다고 할 수 있다.

심지어 이것들은, 이 장에서 논의해온 기계론적 자연관 혹은 생명관이라는 화제와 완전히 일치한다. 즉 어떤 것을 '기계'와 같다고 할 때, 그것은 실질적으로 다음 두 가지 요소를 갖췄을 것이다.

하나는 그것이 합리적이고 객관적인 존재이며 중립적인 관찰자의 눈으로 접근 가능하다는 점. 또 하나는 그것이 무언가에 의해서 '제작'된 것이며, 동시에 '제어(컨트롤)' 혹은 지배 가능하다는 점이다. 근대과학은 자연이나 생명에 대한 전자의 태도를 그리스에서, 후자의 태도를 유대=기독교의 전통에서 이어받았다고 할 수 있지 않을까.

그리고 그 두 가지 요소가 결합하여 성립된 것이 다름 아

닌 '기계론적 자연관·생명관'이다. 그것을 정리한 것이 그림 5-1이다.

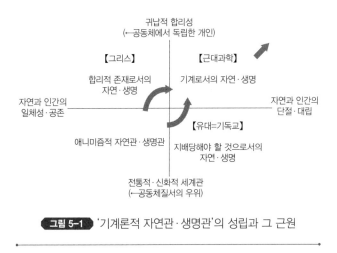

그림 5-1 '기계론적 자연관·생명관'의 성립과 그 근원

근대과학의 미래

17세기 과학혁명 이후에 전개된 근대과학에 대해, 우리는 그 '미래'의 모습을 꽤 근본적인 차원까지 거슬러가 고찰하고 구상하는 시기에 와 있다. 물론 근대과학에 대한 비판은 지금까지도 무수히 다양한 형태로 이루어졌으며, 또 단순하게 근대과학에 대한 '반反과학'의 방향을 제기한다고 해서 모든 문제

가 해결되는 것은 아니다.

그러한 점을 고려하여, 이제부터는 이 장에서 논의한 자연관과 생명관 등의 차원으로 거슬러 갔을 때 앞으로 펼쳐질 새로운 과학의 모습에 대해 고찰해보려 한다.

한 가지 단서는 앞서 근대과학의 두 가지 기둥 혹은 축이라고 말한 것에 대한 재고에 있다. 즉 그것은,

(1) '법칙'의 추구

　[배경으로서의 '자연법칙' 혹은 '인간과 자연의 단절']

(2) 귀납적 합리성(혹은 요소 환원주의)

　[배경으로서 '공동체에서 독립한 개인']

이라는 두 가지였다. 이 두 가지 차원에 근거하여 지극히 단순하게 이야기하자면, 근대과학을 전제로 한 방향이 아닌 모습, 즉

　· (1)에 대해서는 인간과 단절된, 단순한 지배의 대상으로서의 수동적인 자연이 아니라, 인간과 상호작용하며, 동시에 내발성을 갖춘 자연이라는 이해. 나아가 일원적인 법칙에 대한 환원이 아니라, 대상의 다양성과

개별성 혹은 사상事像의 일회성에 주목한 이해.

· (2)에 대해서는 개인 혹은 개체를 공동체적(혹은 타자와의) 관계성으로 파악함과 동시에, 세대 간 계승성 generativity을 포함하는 긴 시간 축 속에서 자리 잡는다는 이해.

또한 요소 환원주의적이 아니라, 요소 간 연관성이나 전체성에 주목하여 파악하는 방법.

이라고 부를 수 있는 과학의 방향이 한 가지 가능성으로서 떠오른다.

그리고 이상과 같은 방향은, 자연관과 생명관을 근거로 전개한 이 장의 논의 속에서 이미 관련성이 드러난 논점이라 할 수 있다.

즉 근대과학의 출발점에 있어서 그 중심적 존재였던 뉴턴의 고전 역학은 그 내용 자체는 '기계론적 자연관'의 상징적 설명이었다. 동시에 그는 외부에 세계 전체를 지탱하는 '숨은 신'을 두고 있었다. 여기에서는 '자연 모든 것=죽을 수 있는 기계'이며, 그것을 외부에 위치하는 자연이 지탱하며 움직이는 구조였던 것이다.

그 후 근대과학의 발자취는 견해에 따라서는, 세계 전체(=기

계)의 외부에 놓인 '주체' 혹은 동인을 다시 한번 세계 혹은 자연 속에 서서히 되돌려놓는 발자취였다고 생각할 수 있지 않을까.

즉 데카르트의 경우 이미 살펴본 것처럼 (정신을 지닌) 인간은 세계의 주체다. 그러나 인간 이외의 존재는 다른 생물을 포함하여 모두 '기계'의 영역에 두었다. 한편 19세기의 신생기론자인 드리슈나 20세기 중반에 '음의 엔트로피'를 주창한 슈뢰딩거는 생명과 비생명 사이에 본질적인 경계선을 긋고 생명현상에 대해 고유의 주체적 원리를 도출하면서, 비생명의 영역에서는 (기계론적인) 생리 화학 법칙이 타당하다고 보았다.

더불어 이 장에서는 언급할 여유가 없었지만, 19세기부터 20세기에 걸쳐 독일에서 (제2장에서도 언급한) '생태학'이라는 단어를 만든 생물학자인 헤켈(1834~1919)이나 '에너지 일원론'을 주창한 화학자 오스트발트(1853~1932년. 1909년에 노벨화학상 수상)와 같은 연구자는 진화론이나 에너지 개념에 새로운 해석을 부여하면서 인간, 생명, 비생명을 포함한 자연 전체에 내재하는 동인을 고려하여 일원적인 세계상을 제기했다(자세한 것은 히로이(2014) 참조). 그리고 앞에서 언급한 비평형 열역학의 프리고진에 이르면, 비생명적인 영역에서도 일종의 자기 조직적 현상이 발생하는 것에 주목하여, 자연 일반 안에서 질서 형성을 향한 내발적인 잠재력이 존재한다는 사실을 밝혔다.

이처럼 뉴턴 이후 근대과학의 발자취는 '자연은 모두 기계'라는 이해에서 출발하여, 어떤 의미에서 역설적이게도 그 외부에 놓인 '뉴턴적인 신'=세계의 동인을 다시 한번 세계의 내부로 차례대로 되돌리는 것, 즉 그것을 '인간→생명→비생명'의 영역으로 확장해간 흐름이었다고도 이해할 수 있지 않을까.

그것은 실제로 근대과학 성립 당시의 기계론적 자연관이 일단 사라진 애니미즘적 요소—'살아 있는 자연' 혹은 자연의 내발성—를 세계의 내부에 새로운 형태로 되돌리는 흐름이라고 파악할 수 있을 것이다. 그 결과, 앞에서도 말한 것처럼 근대과학은 어떤 의미에서 '새로운 애니미즘'이라는 자연상에 근접했다고 할 수 있다(아인슈타인이 (인력을 중력장의 작용으로 규정하면서) 스피노자적 범신론에 이르렀던 것도 관련이 있을지도 모른다). 그것은 또한 '자연 혹은 세계 전체의 주체화 혹은 생명화'라고도 불러야 할 방향이리라.

다만 그것은 단순히 과거의 애니미즘적인 세계관으로 회귀하는 것이 아니다. 앞서 제시한 그림 5-1에 입각하여 말하자면, 제1 사분면(근대과학의 기계론적 자연관)이 전개를 달성한 그 끝에, 즉 자연과 생명에 대해 더욱 분석적이고 조감을 통한 파악을 거친 후에, 제3 사분면(애니미즘)과 상위 레벨에서 순환적으로 융합해나간다고 할 수 있다.

동시에 이것은, 앞서 근대과학의 두 가지 요소에 따라 미래

과학의 방향으로서 논의한 내용, 즉 '인간과 자연' 및 '개인과 공동체'라는 두 가지 국면에서, 근대과학의 세계관에서 단절된 관계성을 다시 한번 이어가자는 방향과 겹친다.

그러한 과학의 새로운 방향과 포스트 자본주의라는 주제를 축으로 하는 미래 사회의 구상은 서로 맞물린다. 그것에 대해서는 이 책 후반부에서 고찰해보기로 하자.

제3부

녹색 복지국가
/ 지속 가능한 복지사회

제6장 자본주의의 현재

경제 격차와 '자본주의의 다양성'

제3부에서는 지금까지 자본주의가 걸어온 발자취에 관한 제 1부의 논의 및 과학과 정보, 생명 등을 둘러싼 제2부의 원리적 고찰을 바탕으로, 우리가 앞으로 실현해나가야 할 사회상을 다면적으로 구상해보고자 한다.

우선 그림 6-1을 살펴보자. 이것은 이른바 주요 선진국의 경제 격차(소득 격차)를 나타낸 그래프다. 소득 격차의 정도를 나타내는 지표인 지니계수(값이 클수록 격차가 크다는 것을 나타냄) 값이 작은 것부터 큰 순으로 열거했는데, 이것을 보면 나라별로 꽤 큰 차이를 보인다는 사실을 알 수 있다.

덴마크 등 북유럽 국가들이 경제 격차가 가장 작으며 (즉 평등도가 높으며), 다음으로 네덜란드, 오스트리아, 독일, 프랑스 등의

대륙 유럽 국가들이 비교적 평등하다. 반면 그리스, 스페인 등
남유럽 국가로 가면 경제 격차가 점점 벌어지고, 영국을 지나
미국에 이르면 정점에 달한다는 사실을 알 수 있다.

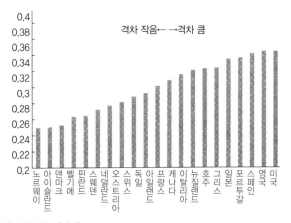

(주1) 주로 2011년 수치.
(주2) 여기에서의 소득은 재분배 후의 가계당 가처분 소득(가계 구성원수에 따라 조정).

그림 6-1 소득 격차(지니계수)의 국제 비교

(출처) OECD Social and Welfare Statistics를 바탕으로 작성

나중에 전개할 논의와도 관련이 있지만 똑같이 '자본주의'라
는 말을 사용하더라도 나라에 따라 그 내용은 다르다―이른바
'자본주의의 다양성'이라고 불리는 주제도 이것과 관련이 있다
(Hall et all.(2001), Amable(2003), 아비코安孫子(2012)). 제2장에서도 언급한
'복지국가'적 재분배를 적극적으로 시행하여 일정 이상의 평등

을 실현한 나라도 있지만, '순수한 자본주의'라 볼 수 있는 미국 같은 나라도 있다.

(1980년대 말 2년간, 그리고 2001년, 총 3년간 미국에서 생활한 내가) 개인적으로 체험하고 느낀 바로는, 미국의 경제 격차는 이 그래프만으로 그 실태를 파악하기에는 역부족이다. 실제로 미국 도시에는 슬럼화한 지역이 많으므로, 그러한 빈곤층의 소득 등이 제대로 통계에 반영되었다고 보기는 어렵다. 그림 6-2는 나라별 10만 명당 교도소 수용 인구를 비교한 것인데, 미국이 문자 그대로 '돌출'되어 있다. 오히려 이런 자료가 빈곤이나 격차의 실태를 더욱 정확하게 반영했다고 봐야 하지 않을까(교도소 수용 인구는 정확하게 파악할 수 있는 데이터다. 참고로 범죄율과 경제 격차는 대체로 상관관계에 있다).

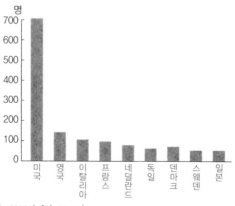

(주) 연차는 2012년 혹은 2013년.

그림 6-2 인구 10만 명당 교도소 수용인원

(출처) OECD 자료를 바탕으로 작성.

이것을 보고 '일본은 선진국 중에서는 비교적 평등한 국가'라고 생각하는 사람이 있을지 모르지만, 그것은 잘못된 생각이다. 그림 6-1을 봐도 알 수 있듯이, 최근 일본은 OECD 가입국 중에서 비교적 격차가 큰 범주에 들어 있다. 돌아보면 일본도 1980년대경까지는 평등도가 대륙 유럽과 비슷했으나, 그 후 서서히 경제 격차가 벌어지더니 현재에 이르렀다.

한편, 격차의 정도는 나라별로 큰 차이를 보이는데, '왜 불평등한 확대가 이어지는가'라는 부제가 달린 최근의 OECD의 보고서Divided We Stand:Why Inequality Keeps Risin(2011)는, 선진국 대부분이 1980년대부터 2000년 후반에 걸쳐 경제 격차가 확대했다는 사실을 지적했다.

그렇다면 왜 많은 선진국에서 이토록 격차가 벌어진 것일까.

경제 격차의 배경에는 무수하고도 다양한 요인이 작용하므로—가령 기술 혁신, 국제화, 고령화, 노동이나 가족 구조의 변화, 상속을 통한 격차의 누적, 사회보장제도의 방향—, 복합적인 시각에서 바라볼 필요가 있다. 다만 지금부터 소개할 고용 및 실업을 둘러싼 상황 변화가 중요한 요인 중 하나라는 사실은 확실하다.

만성적인 실업과 '생산과잉'

일본의 실업률은 리먼 사태(2008) 이후 악화한 후로 최근에는 약간 개선되었다(2014년에 3.6%). 연령 계급별로 보면 6.9%(15~24세), 5.3%(25~34세), 3.7%(55~64세)로, 일반적으로 10대 후반에서 30대 초반까지의 젊은 세대 실업률이 고령층보다 높다. 심지어 이것은 어디까지나 '실업'률이므로, 일은 하고 있지만 매우 낮은 임금을 받는 사람이나 비정규직 고용자(나아가 어쩔 수 없이 이른바 '블랙 기업'에서 일하는 사람) 등은 포함되지 않았다. 비정규직 노동자의 비율은 최근 계속 증가 추세이며, 2003년에는 전체 노동자 대비 30.4%였지만, 2013년에는 36.7%까지 상승했다(일본의 노동력 조사). 이러한 젊은 층의 불안정한 고용은 비단 일본뿐 아니라 선진국에서 공통으로 나타나는 현상이다.

이렇듯 선진국에서 젊은 세대의 실업률이 높게 나타나는 구조적인 근본 원인은 무엇일까. 나는 지금껏 이 점에 대한 논의가 부족했다고 생각한다.

다양한 원인이 있지만, 우선 가장 근본적인 것으로 현재의 선진국 혹은 공업화를 거친 후기 자본주의 국가들에서 나타나는 구조적 **'생산과잉'**을 들 수 있다. 바로 이것이 젊은 세대를 중심으로 한 만성적 실업의 가장 근본적인 배경이다.

그 취지는 단순하다. 물자가 부족했던 시대에는 일반적으로 기업이 생산한 생산물(혹은 재화·서비스)을 시장에 제공하기만 하면 자연스럽게 팔려나갔다. 그러나 지금처럼 물자가 넘쳐나고 사람들의 수요 대부분이 충족된 시대에는 물품을 생산해도 잘 팔리지 않는다. 게다가 이때 생산성(노동 생산성)을 높인다는 말은 '적은 인원으로 더 많은 양을 생산한다'는 것을 의미하므로, 필요한 노동력은 더욱 줄어들 테고 당연히 실업은 한층 늘어난다.

생산성을 둘러싼 패러독스와 '과잉에 의한 빈곤'

과거 시대에는 그렇게 발생한 잉여 노동력은 다른 새로운 생산에 종사하면 그만이었다. 그러면 그곳에서 연달아 새로운 수요가 생겨났고 전체적으로 사회가 더욱 풍요로워지는 순환이 제대로 기능했기 때문이다―나는 이것을 '노동 생산성 상승과 경제성장의 무한한 순환'이라고 부른다(히로이(2015) 등)―. 그러나 앞에서도 말했듯이 끝없이 새로운 수요가 생겨나는 시대는 막을 내리고 말았다. 오히려 이제는 '생산성이 향상하면 할수록 실업이 증가'하는 역설적인 상황이 벌어지고 있다.

이전 저서에서도 소개한 내용이지만, 이것은 제2장에서도

언급한 『성장의 한계』(1972)를 지적한 로마클럽이 1997년에 발표한 『고용의 딜레마와 노동의 미래』라는 보고서에서 주장한 내용과도 일치한다. 이 보고서는 그것을 '낙원의 패러독스'라고 표현하며 다음과 같이 설명했다.

즉 기술혁명과, 그 결과로서 발생한 폭발적 노동 생산성의 상승에 따라 우리는 예전처럼 땀 흘리며 일할 필요가 없어졌기에, 조금씩 '낙원' 상태에 가까워지고 있다. 그러나 공교롭게도 '일하지 않고 모든 것을 손에 넣을 수 있는' 낙원에서는 누구에게나 성과를 위한 급여가 지급되지는 않는다. 결과적으로 그러한 낙원은 사회적인 지옥 상태—현금 수입 제로. 만성적 실업률 100%—를 낳는다(다나카(2008) 참조).

얼핏 이해하기 어려운 주장처럼 들리지만 요컨대 '생산성이 최고조로 향상된 사회에서는 소수의 노동으로 많은 양을 생산하여 사람들의 수요를 충족할 수 있다. 그 결과 자연스레 다수의 사람이 일자리를 잃는다'는 것이다. 이것은 일종의 '패러독스'이자, 동시에 현재 선진국에서 실제로 벌어지는 사태다.

하지만 이때 부는 일자리가 있는 일부 계층에 집중되므로, 동시에 분배의 편재 혹은 격차 문제를 증폭시킨다. 즉 실업은 자연스레 빈곤으로 이어진다. 가령 일본의 경우 생활보호 수급 세대는 그 요인에 따라 '고령자 세대', '부상 질병·장애인

세대', '모자 세대(한국의 한부모 가정-역자 주)', '기타 세대'로 분류된다. 최근 생활보호 수급자가 전체적으로 증가하고 있는데, 그 중 젊은이 등을 다수 포함한 '기타 세대'의 비율이 눈에 띄게 늘고 있다('기타 세대'가 생활보호 대상자 전체에서 차지하는 비율은 1997년 6.7%였던 것이 2012년에는 18.4%로 증가했다).

이것은 어떤 의미에서 '과잉에 의한 빈곤'이라 불러야 할 상황이리라. 과거 시대에는 '결핍에 의한 빈곤', 즉 단순히 생산 부족 혹은 생활에 필요한 물자의 부족이 빈곤을 의미했지만, 현재의 선진국 혹은 발달한 자본주의 국가에서는 오히려 앞서 기술한 메커니즘을 통해 '과잉→실업→빈곤'이라는 새로운 상황이 야기되고 있다.

심지어 '과잉에 의한 빈곤'이라 할 만한 상황은 이것뿐만이 아니다. 이러한 사태가 심각해지면 질수록 덩달아 고용을 둘러싼 경쟁도 극심해진다. 따라서 일단 한정된 고용의 의자를 차지한 사람도 불안에 사로잡혀 과중한 노동을 하며 스트레스, 과로, 건강 악화로 고통받는다. 이러한 현상은 실제로 일본에서 뚜렷하게 나타나고 있다. 이것 또한 '과잉에 의한 빈곤'의 단면이라 할 수 있다. 사회 전체가 한쪽에는 '실업', 다른 한쪽에는 '과로'가 공존하며 동시에 격차가 확대하는 역설적인 사태에 빠져 있는 셈이다.

약간 여담이지만 서장에서도 언급했듯이, 머지않은 미래 사회에 이러한 분단이나 양극화가 극한으로 치달은 모습을 그린 SF영화가 최근 많이 등장하고 있다. 동시에 영화에서는, 무한한 '확대·성장'을 추구하는 자본주의는 자연히 '지구 탈출, 우주개발'로 향하므로—서장에서 말한 '제4 확대·성장'의 한 요소이기도 하다—, 부유층이 지구 바깥으로 이주하고 남는 자들이 (황폐한) 지구에 남아 살아간다는 모티프가 심심치 않게 그려진다(『엘리시움』 등). 현재의 지구 사회가 그 정도로 극한에 치닫지는 않았지만, 앞서 언급한 OECD의 보고서 제목Divided We Stand-분리된 사회도 시사하듯, 그러한 방향으로 향할 구조적 요소는 이미 충분하다.

이 책에서 언급해온 맨더빌의 '개인의 사익 추구가 사회 전체 부의 확대로 이어지고 결과적으로 공적인 선이 된다'는 사고가 성립하려면, 사회 전체의 부, 혹은 파이의 총량이 계속 확대한다는 조건이 전제되어야 한다. 하지만 이 장에서 소개한 것처럼, 현재는 사람들의 수요가 성숙·포화하고 한편으로는 지구 자원의 유한성이 뚜렷해져서 파이의 무한한 총량 확대라는 전제가 더는 성립하지 않는 상황에 이르렀다. 이런 상황에서 **확대기에 보였던 행동을 멈추지 않는다면 서로 목을 조르는 상황**은 한층 심해질 것이다.

'과잉의 억제'와 시간 정책

그렇다면 우리는 어떻게 해야 할까.

여기에는 '과잉'이라는 부의 **총량** 문제와, '빈곤'과 '격차'라는 부의 **분배** 문제가 서로 얽히고설켜 있다. 따라서 우선 크게 요구되는 대응의 중요한 기둥으로서 다음 두 가지를 들 수 있을 것이다(이 중 (2)는 다음 장에서 주제화하고자 한다).

      (1) 과잉의 억제   ——부의 총량에 관하여
      (2) 재분배의 강화 · 재편——부의 분배에 관하여

(1)은 앞에서 쓴 '무한한 확대 · 성장의 추구'라는 방향의 전환과도 관련 있는 주제다. 우선 가장 단순한 예로 노동 시간(정확히는 임노동 시간)의 단축을 들 수 있다.

'근로'라는 말에서 알 수 있듯이 물자가 부족한 시대에는 노동 그 자체가 '선善'이었다. 노동이 사회 전체의 생산 확대와 편익 증대에 공헌했기 때문이다. 즉 노동은 그 자체로 '이타적'인 성격을 띨 수 있었다. 하지만 앞에서 말한 것처럼, 현재와 같은 '과잉'의 시대에는 그러한 발상은 적어도 부분적이나마 수정할 필요가 있다.

즉 앞서 로마클럽의 '낙원의 패러독스'에서도 언급했듯이, 노동 생산성의 상승만을 추구하다 보면 (사회 전체의 수요가 그것에 비례하여 계속 증가하지 않는 상황에 도달함에 따라) 결과적으로 실업의 증대를 초래하는 역설적인 사태가 생겨난다. 따라서 노동 생산성이 증대한 만큼 노동시간을 줄이고 남는 시간을 노동 외의 (여가 등의) 활동에 할애하도록 유도하여 생활 전체의 '풍요'를 늘리는 방향으로 가는 것이 중요하다.

이것과 관련하여 최근 유럽에서는 사회적 차원에서 '시간 정책time policy'을 펼치고 있다. 시간 정책이란, 노동 시간(정확히는 임노동 시간)을 줄이고 남는 시간을 지역과 가족, 커뮤니티, 자연, 사회 공헌 등에 관한 활동에 할애하는 것, 즉 **'시간의 재분배'**를 통해 전체적인 삶의 질을 높이는 정책이다(OECD(2007)).

그 배경에는 앞서 말한 것처럼 현재 선진국에서 이미 실업이 만성화되었고, 심지어 구조적인 생산과잉이 그 근본 원인이라는 인식이 있다. 개개인의 노동 시간을 줄임으로써 생활 전체의 '풍요'를 늘리고 동시에 (이른바 워크셰어 효과를 통해) 사회 전체의 실업률을 감소시키자는 생각에서 '시간 정책'이 펼쳐지게 되었다.

가령 독일에서는 1990년대 말에 '생애 노동 시간 계좌'라는 제도를 도입했는데, 많은 기업으로 확산하는 추세다. '생애 노동 시간 계좌'란 각자 자신만의 생애 노동 시간 계좌를 만들고,

가령 초과 근무를 했을 경우 그만큼을 시간 포인트로 '저축'할 수 있는 제도다. 저축한 시간은 나중에 유급휴가로 사용할 수 있다(다나카(2008) 참조). 또한 네덜란드는 2006년부터 '생애 과정 절약 제도Life-course Savings Scheme'를 도입했다. 이것은 개인(피고용자)이 매년 급여의 최대 12%를 '저축'하여 ―저축 분은 비과세가 적용된다―, 나중에 휴가를 쓸 때 생활비로 활용할 수 있는 제도다(저축액의 상한은 연금 급여의 2.1년분).

시간 정책의 효과와 사회적 합의

나는 오래 전부터 일본의 상황을 고려하여 '국민의 공휴일 확대'를 제안해왔다(히로이(2001)).

골든위크(일본에서 매년 4월 하순부터 5월 상순에 걸쳐 발생하는 약 일주일간의 긴 연휴―역자 주)와 같은 연휴에 관광지에 가면 어디든 인파로 발 디딜 틈이 없다. 그때마다 느끼는 것은 "일본인은 쉴 때도 '모두 함께'가 아니면 쉬지 않는다(쉴 수 없다)"는 사실이다.

사실 일본인도 더 쉬고 싶다. 도쿄 등 대도시의 지하철에서 흔히 볼 수 있는 피로에 절어 있는 사람들의 모습이나 표정을 보면 잘 알 수 있다. 하지만 일본의 직장은 '분위기'가 지배하

고 있어서 좀처럼 다른 사람을 두고 나만 쉴 수가 없다. 유급 휴가가 제대로 소화되지 않는 것이 그런 현실을 반영한다. 국민의 공휴일에는 '다른 사람들도 다 쉬는 날'이니만큼 쉬어도 좋다는 '허가'를 받았다고 느끼므로 '안심하고' 쉴 수 있어서 일제히 여기저기로 놀러갈 수 있는 것이다.

'국민의 공휴일' 확대 정책은 '시간 정책' 중에서도 일본의 현 상황이나 일본인의 행동 양식을 고려한 고육지책이라 할 수 있다. 국민의 공휴일 확대를 포함한 시간 정책에는 다음과 같은 여러 가지 긍정적인 의미를 지닌다.

① 향후 소비 중에서 가장 잠재력이 있다고 생각되는 '여가 소비'(나중에 소개할 '시간의 소비')가 늘어나 관련 고용과 함께 경제에도 긍정적으로 작용한다.

② 창조성에도 기여한다……양질의 서비스 혹은 부가가치나 창조력이 관건인 현대에는 장시간 노동은 오히려 생산성에도 부정적 영향을 미치며, 아이디어도 고갈되어 경쟁력이 저하한다(실제로 국제 비교를 보면 노동 시간과 시간당 생산성은 대체로 반비례한다).

③ 무엇보다 건강에 이롭다……현재 일본 사회를 뒤덮고 있는 만성 피로의 개선에 이바지한다.

④ 워크 셰어를 통한 실업률 감소와 빈곤 해결에도 기여한다(앞에서 주장한 내용이다).

⑤ (회사뿐 아니라)지역 등에서 보내는 시간이 늘어나 지역 활성화·커뮤니티 재생에도 공헌한다……즉 '시간' 정책은 사실 '공간'적 효과를 지닌다.

⑥ 아마도 출산율을 높이는 데 일조할 것이다.

이상 중 마지막 ⑥에 대해 보충해두기로 하자. 사실 그다지 의식하지 않았던 항목이지만, 최근 몇 가지 인상적인 경험 때문에 관심을 기울이게 되었다.

나는 대학에서 '사회보장론'이라는 강의를 하고 있는데, '저출산'을 주제로 이야기를 나눌 때 학생들에게 소논문을 쓰게 했다. 그런데 현재 일본의 출산율이 낮은 가장 큰 원인으로서 '노동시간이 너무 길어서 아이를 낳아 기를 여유가 없다'는 점을 근거로 주장을 펼쳐나간 학생이 예상외로 많았다.

가령 한 학생은 "저출산 현상의 배경으로서 미혼화, 만혼화가 있는데, 그 근본적인 요인은 일본의 노동 환경에 있다고 생각한다"고 기술하며, 저출산 문제에 대한 대응책으로서 워크 셰어의 필요성을 지적했다. 다른 학생은 "회사의 노동 환경을 바꾸는 것이 가장 시급한데, 어느 정도의 속도로 바꿔갈 것인

가가 문제다. 법적으로 육아휴직을 자유롭게 쓸 수 있게 된다 해도, 휴가를 쓰지 않는 것이 당연한 분위기 속에서는 휴가를 쓰고 싶어도 쓸 수 없을 것이다. 또한 회사도 휴가를 쓸 가능성이 있는 사람을 채용하려고 하지 않을 것이다. '분위기'는 정말 성가시다"라고 썼다.

한 여학생은 최근 구직 활동을 하는 친구의 예를 들어, 면접에서 많은 회사가 아이를 낳는다면 언제 낳을지 질문하기에 그 이유를 묻자 "아이가 없다는 건 앞으로 낳을 거란 얘기잖아요? 그러면 휴가를 써야 한다는 말이고요. 그러면 곤란하죠"라는 대답을 듣고 충격을 받은 경험을 소개했다. 이러한 일본 사회의 현실에 한탄하지 않을 수 없었다.

앞서 말한 '분위기' 이야기에서도 보았듯이, 학생들은 아직 실제로 일하고 있지는 않지만, 일본의 수많은 회사가 —일부이기를 바라지만— 어떤 곳인지를 어렴풋이 알고 있다. 특히 육아와 관련해서는 역시 여학생이 그 실태와 '분위기'가 자아내는 억압성을 더욱 신랄하게 느끼고 있었다.

'일본의 공휴일 확대' 및 시간 정책으로 돌아가서 약간 보충하자면, 여기에서 논하고 있는 '과잉의 억제'나 노동 시간 축소의 실현을 촉진하기 위해서는, 그러한 방향을 향한 '사회적 합의'가 중요하다는 것이 핵심이다. 이것은 뒤집어서 말하면 '사

회적 딜레마'라고 불리는 현상—많은 사람이 어떤 행동을 취하고 싶어도 타자가 협조적인 행동을 취해줄지 알 수 없어서 본의 아니게 어쩔 수 없이 경쟁적 행동을 취하는 것—을 어떻게 피할지에 대한 것이기도 하다(사회적 딜레마에 대해서는 야마기시山岸(2000) 참조).

또한 애초에 기업과 개인이 휴가를 꺼리는 이유 중 하나로서, '타사와의 경쟁'에서 질 수 없다는 (자신들이 쉬는 동안 타사는 생산활동을 계속할 가능성이 있다) 것을 들 수 있다. 국민의 공휴일 확대와 같은 공공 정책은 사회적으로 합의된 규칙으로서 (일제히) 휴가를 늘리는 것이므로, '사회적 합의를 통해 쓸데없이 극심한 생존 경쟁에서 사람들을 해방하는' 의의를 지닌다.

'시간 환경 정책'이라는 발상

또한, 이러한 시간 정책은 다음과 같이 더욱 근원적인 의미를 지닌다는 점에 대해 고찰해보자.

일본에서 베스트셀러가 된 『코끼리의 시간 쥐의 시간ゾウの時間 ネズミの時間』으로 유명한 생물학자 모토카와 다쓰오本川達雄는 최근의 저서 『생물학적 문명론生物学的文明論』에서 '시간을 환경

문제로서 파악한다'는 인상 깊은 논의를 펼쳤다.

그 기본이 되는 것은 모토카와가 지금까지 전개해온 다음과 같은 논의다. 즉 '비즈니스business'의 어원은 문자 그대로 'busy+ness(=바쁜 것)'이다. 그 본질은 '에너지를 대량으로 사용하여 시간을 단축하는 것(=속도를 올리는 것)'으로 바꿔 말할 수 있다. 가령 도쿄에서 하카타博多로 출장을 갈 때 열차가 아닌 비행기로 가면 에너지를 더 많이 사용하는 만큼 더 짧은 시간에 목적지에 도착할 수 있다. 즉 '에너지→시간'이라는 변환이 일어난 것이다.

이런 식으로 인간은 지금껏 생활의 속도를 무제한으로 단축해왔다. 현대인의 시간 속도는 조몬인縄文人(고대 일본인-역자 주)에 비해 40배 빨라졌다(동시에 조몬인의 40배에 달하는 에너지를 소비하고 있다). 그러나 정작 현대인의 신체가 그런 시간의 속도를 따라갈 수 없게 되었기에 '시간 환경 문제'를 해결해야 한다고 모토카와는 주장한다.

즉 시간 환경의 속도를 늦추면 에너지나 자원 소비도 줄어든다는 논리다. 모토카와의 말을 빌리자면 그것은 '시간의 속도를 조금만 늦춰서 사회의 시간이 몸의 시간과 심하게 벌어지지 않도록 하는 것'이다(모토카와(2011)).

좀 더 넓은 시야에서 바라보면 애초에 이것은 '인간의 질

병이란 과연 무엇인가?' 하는 점에 관한 진화 의학evolutionary medicine의 관점으로도 이어진다. 즉 인간이라는 생물의 유전자 혹은 생물학적 조성 그 자체는 호모사피엔스가 태어난 약 20만 년 전과 비교해 거의 변하지 않았다. 하지만 인간이 만들어온 문화와 사회적 환경은 (상기의 '속도의 빠르기'를 포함하여) 큰 폭으로 변화하고 있다. 그러한 이른바 '유전자와 문화'의 격차—인간이 만들어낸 환경이 정작 인간의 몸이 적응할 수 없을 만큼 크게 달라진 것—가 수많은 질병의 근본 원인이라고 보는 것이다(진화 의학에 대해서는 Nesse et al.(1994), Stephen C. Stearns(ed.)(1999), 이무라#村(2000) 등 참조).

우리는 이른바 **'시간 환경 정책'**이라는 공공 정책을 진지하게 고려해야 할 시기에 와 있다. 그것은 이 장에서 논의해온 '과잉의 억제'라는 주제와도 일맥상통한다.

'○/t'의 증대에서 '시간' 그 자체로

더욱 근본적으로는 다음과 같이 생각할 수 있을 것이다. 경제라는 것은 어느 단계까지는 물질의 풍요가 증가한다. 하지만 (앞서 소개한 모토카와의 논의와도 이어지지만) 어느 단계를 지나면 경제

성장이란 결국 앞서 설명한 것처럼 그저 한없이 '속도가 빨라지는 것'이라 할 수 있지 않을까. 그렇다면 아무리 경제가 성장해도 풍요로워졌다는 실감보다는 '바빠졌다'는 실감만 커질 것이다.

대부분의 경제지표는 부의 생산과 경제활동의 '단위 시간당' 양으로 측정된다. 즉 '경제성장률'이 조금 떨어진다는 것은 바로 '살아가는 속도를 조금 늦추는 것'이다. 이때 단위 시간당이라는 말을 식으로 표현하면 'O/t'가 되는데, 현재는 오히려 사람들의 소비나 지향이 (분모인) 't(시간) 그 자체'로 향하고 있는 것은 아닐까.

제2장에서 과학의 기본 콘셉트가 '물질→에너지→정보'로 진화해왔다고 말했는데, 이것은 동시에 사람들의 소비 형태가 '물질의 소비→에너지의 소비→정보의 소비'로 변화한 것과 평행을 이룬다. 현재 그리고 이후에는, 나아가 미래에는 **'시간의 소비'**가 본질적인 의미를 지니게 될 것이다(히로이(2001) 참조).

그것은 가령 카페나 자연에서 느긋한 시간을 보내는 것 자체에 대한 욕구나 기쁨이다. 즉 'O/t'의 양적 증가가 아니라 't(시간)' 그 자체를 향수享受하는 것이다. 그러한 방향 전환은 포스트자본주의 혹은 정체형 사회라는 사회상과 일치한다.

'생산성' 개념의 재고

이상과 같은 시간 정책과도 이어지며, 또 이 장에서 말한 '과잉의 억제'와도 관련 있는 논점으로서 '생산성' 개념의 전환이라는 주제가 중요하다.

그것은 **노동 생산성에서 환경 효율성**(혹은 자원 생산성)으로'의 전환이라고 불리는 것인데, 이렇게 표현하면 어렵게 들리지만 내용은 다음과 같이 단순하다.

과거 시대는 '일손이 부족하고 자연자원은 충분한' 상황이었기에 '노동 생산성(=적은 일손으로 많이 생산하는 것)'이 중요했다. 하지만 현재는 정반대다. 오히려 '일손이 남아돌고(=만성적인 실업) 자연자원이 부족한' 상황이다. 따라서 여기에서는 '환경 효율성(자연 생산성)', 즉 사람은 적극적으로 사용하고 자연 자원의 소비나 환경 부담을 억제하는 방향성이 중요하다. 우리가 풀어가야 할 과제가 바로 생산성 개념을 이러한 방향으로 전환해가는 것이다.

그러나 손 놓고 구경만 한다고 해서 방향이 저절로 전환하지는 않는다. 그러므로 경제적인 인센티브를 부여하여 '노동 생산성에서 환경 효율성으로' 기업의 행동을 유도해야 한다. 그것을 위한 정책으로서, 1990년대경부터 유럽에서는 '노동에

대한 과세에서 자원 소비·환경 부하에 대한 과세'로 세금 정책을 전환했다. 그 상징적인 예가 1999년에 독일에서 시행된 '생태적 세제 개혁'이다.

구체적으로는 환경세를 도입하고 그 세수를 연금으로 돌려서 그만큼 사회 보험료를 인하한다는 내용이었다. 환경 부하를 줄이되, 사회보장 수준을 유지하고 동시에 사회 보험료의 부담을 (고용에 동반되는 기업의 부담을 줄여서) 경감하는 것이 우선 목적이었다. 나아가 실업률을 낮추고 동시에 국제 경쟁력을 유지하는 복합적인 효과를 노린 정책인 셈이다.

하지만 그 밑바탕에 깔린 이념은 방금 소개한 '노동에 대한 과세에서 자원 소비·환경 부하에 대한 과세로'였다. 그것을 통해 '사람을 적극적으로 이용하고, 자원 소비·환경 부하는 억제'하는 방향으로 기업 행동을 전환하고, 나아가 생산성 개념도 전환한다는 것이 진정한 목적이었다. 일본에서는 그다지 알려지지 않았지만, 환경세를 도입한 유럽의 많은 국가는 의외로 환경세 세수의 상당 부분을 사회보장 분야에 사용하고 있다(히로이(2001)).

'생산성'의 의미에 대해 더욱 깊이 생각해보면, '노동 생산성'이라는 생산성 개념은 앞에서도 말했듯이 기본적으로 'O/t', 즉 시간당 생산량에서 기인한 발상이다. 한편 '환경 효율성(혹은

자원 생산성'이라는 개념은 자원당, 혹은 토지당이라는 큰 '공간'을 분모에 둔 발상(○/공간)이라고 볼 수 있다(참고로 환경 정책 분야에서 잘 알려진 '생태발자국Ecological Footprint(한 지역 혹은 국가가 행하는 생산·소비 활동을 위해 필요한 토지가 그 지역 혹은 국가의 토지의 몇 배의 면적에 상당하는가를 나타낸 지표)'도 토지 혹은 공간을 분모로 삼는 개념이다).

따라서 이 주제는 '생산성'이라는 기본 개념의 '분모'를 시간에서 공간, 혹은 자원·토지라는 좌표로 전환하는 경제 사회의 근간에 관한 것이기도 하다.

생산성의 '척도'를 바꾸다

'노동 생산성에서 환경 효율성으로'라는 생산성 개념의 전환을 고려하면, 흥미롭게도 지금껏 '생산성이 낮은 분야'의 상징처럼 여겨졌던 복지나 교육 등의 (대인 서비스) 영역이 오히려 가장 **'생산성이 높은'** 영역으로 떠오른다.

즉 이들 영역은 기본적으로 **'노동 집약적'**인 분야, 즉 '사람'의 비중이 매우 큰 영역이므로 '노동 생산성'(적은 일손으로 많은 생산을 올리는 것)이라는 척도를 들이대면 생산성이 낮아진다.

그러나 뒤집어보면 노동 집약적이라는 말은 많은 '일손'을

필요로 한다. 즉 그만큼 '**고용을 창출하기 쉽다**'는 것을 의미한다. 실제로 일본 경제산업성 등의 보고서도 이러한 복지 등의 분야를 앞으로 가장 많은 '고용 창출' 분야로 꼽는다(가령 "경제사회비전—'성숙'과 '다양성'을 힘으로経済社会ビジョン—「成熟」と「多様性」を力に—"(2012년 6월)).

그리고 보면 경제의 '확대·성장'기에는 자원을 많이 사용하는 '자원 집약적' 활동이 생산성이 높다고 생각했다. 그리고 그것은 애초에 인간 역사의 확대·성장기가 에너지의 이용 형태의 고도화(자연의 착취 정도를 강화하는 것)로 실현되어왔다는, 서장에서 주장한 논의와 짝을 이룬다. 하지만 **자원의 유한성이 뚜렷해지고, 동시에 생산과잉으로 인한 실업이 만성화하는 성숙·정체기에는 사람들의 관심이 점차 서비스나 사람과의 관계성**(혹은 '케어care')**으로 이동하여, 사람이 중심인 '노동 집약적' 영역이 경제의 전면에 나오게 될 것**이다. 이러한 구조 변화에 발맞추어 생산성의 개념을 재고하고 전환해가야 한다.

한편, 다양한 기술 혁신이 이루어짐에 따라 '기계와의 경쟁'이라는 말처럼 기계가 인간의 노동을 일부 대체하는 영역이 늘었다. 그로 인해 여전히 노동 생산성이 높아지고(=더욱 적은 일손으로 생산량을 올리는 것) 있음에도 불구하고 실업률이 극단적으로 치솟지 않는 이유는 무엇일까.

가장 큰 원인은, 고령화라는 배경에 더해 현대 사회에서는

'노동 집약적'인 영역(복지, 교육, 의료 등의 분야나 더욱 넓게는 대인 서비스 혹
은 소셜 서비스의 영역)이 증가했기 때문이 아닐까. 그러한 영역은 말
그대로 '노동 집약적'이기 때문에 상대적으로 많은 고용을 창
출하므로 사회 전체의 실업률이 완화되었다는 것이다.

즉 단순하게 말하자면, 기존의 (노동 생산성이라는) 척도를 그대로
들이댔을 때 어떤 의미에서는 '생산성이 낮은' 영역이 사회 전
체를 떠받드는 셈이다. 실제로 북유럽 등 복지 · 교육 등의 분
야—'케어' 혹은 소셜 서비스 관련 분야—에 공적 정책을 통해
많은 자원을 배분하는 국가가 대체로 경제 퍼포먼스도 높은 것
은 바로 그런 이유에서가 아닐까.

그리고 이 장에서는 '과잉의 억제'라는 주제에 대해서 고찰
하고 있는데, 자원 집약적인 영역에서 노동 집약적인 영역으
로의 이행을 잘 꾀하는 것이 앞서 지적한 '과잉에 의한 빈곤'(생
산과잉→실업→빈곤)을 바로잡을 중요한 정책이 될 것이다.

참고로 이 주제는 환경 정책의 영역에서 '**서비사이징**
servicizing'이라고 불리는 콘셉트 및 실천과 통한다. 서비사이징
이란 '물건을 파는 경제 활동에서 서비스를 파는 경제 활동으
로 전환한다'는 사고방식이다. 가령 살충제라는 물건을 파는
비즈니스에서 '해충 구제 서비스'라는 비즈니스로 전환하는 예
를 들어보자. 사업자 입장에서는 많은 양의 살충제를 팔 필요

없이 오히려 살충제를 적게 사용하여(=더욱 적은 자원 소비로) 해충을 구제하는 방향으로 사업의 목적 및 인센티브가 전환되므로, 자원 소비나 환경 부하 면에서 더욱 바람직한 경제 활동이 된다는 사고방식이다(지구 환경 간사이関西 포럼 순환 사회 기술부회 편(2006)).

이러한 '서비사이징(물품에서 서비스로의 전환)'을 실행할 경우, '서비스'를 제공하거나 다양한 창의적 아이디어를 실천하는 주체는 다름 아닌 '사람'이므로, 그야말로 앞에서 논의해온 '자원 집약적' 경제 활동에서 '노동 집약적' 경제 활동으로 전환하는 셈이다. 그리고 그것은 곧 고용 창출로 이어진다. 즉 '환경 정책'에서 유래한 서비사이징이라는 콘셉트는 '고용 정책'으로서도 커다란 의미를 지닌다.

다만 중요한 점은 이러한 방향 전환은 시장경제에 맡겨둔다고 해서 저절로 진행되는 것이 아니라는 점이다. 앞서 언급한 북유럽 국가의 복지·교육 정책이나 독일의 생태적 세제 개혁처럼 그것을 촉진하기 위한 공공 정책이 반드시 뒷받침되어야 한다.

왜냐하면 가령 개호介護(스스로 일상 생활이 힘든 고령자 및 장애인 수발—역자 주) 등의 분야는 일본에서 대체로 임금이 낮고 이직이 끊이지 않는다. 이것을 통해 알 수 있듯이, 그저 시장에 맡겨두면 해당 분야의 노동에 대한 가치 평가가 현저히 낮아져서 유지되

지 않기 때문이다(왜 그렇게 '낮게 평가'되는지에 대해서는 종장에서 '시간'을 둘러싼 고찰과 함께 파헤쳐보자). 따라서 그러한 분야의 가치를 공적인 재정으로 지탱하는 정책—가령 개호나 교육 등의 분야에 대한 공적 재정 지원, 자연 에너지에 관한 가격 지지 정책 등—이 특히 중요하다.

제7장 자본주의의 사회화
혹은 소셜 자본주의

사회 안전망의 진화

지금까지 우리는 향후 취해야 할 방향의 두 가지 기둥으로서 앞에서 제시한 '(1)과잉의 억제, (2)재분배의 강화·재편' 중 전자에 대해 논의했다. 그렇다면 후자, 즉 격차가 확대하는 가운데 취해야 할 '분배'의 이상적 모습과 평등을 둘러싼 주제에 대해서는 어떨까.

이 주제에 관해서는 우선 '사회 안전망'이라는 시각에서 논의를 진행해보자.

우선 그림 7-1을 보자. 이것은 현재 일본을 포함한 많은 선진국의 '사회 안전망' 구조를 간단히 정리한 것이다.

먼저 피라미드의 가장 위에 '고용이라는 안전망(C)' 층이 있

다. 어떤 의미에서는 당연한 말이지만, 자본주의 시스템 혹은 시장경제를 기조로 하는 사회에서는 일을 한 대가로 얻는 수입이 생계를 꾸리는 데 있어서 가장 기본적인 전제이며 기반이 된다는 뜻이다.

그러나 인간은 병에 걸리기도 하고 직장을 잃을 수도 있고 나이가 들면 퇴직하여 수입원이 없어지기도 한다. 그때 중요한 것이 피라미드의 한가운데인 '사회보험이라는 안전망(B)'이다. 건강보험이나 실업보험, 연금 등이 이것에 해당한다.

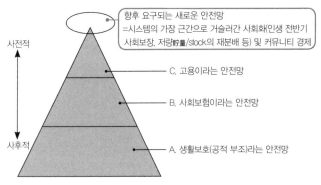

사전적

사후적

> 향후 요구되는 새로운 안전망
> =시스템의 가장 근간으로 거슬러간 사회화(인생 전반기 사회보장, 저량貯量/stock의 재분배 등) 및 커뮤니티 경제

─ C. 고용이라는 안전망

─ B. 사회보험이라는 안전망

─ A. 생활보호(공적 부조)라는 안전망

(주) 역사적으로 이들 안전망은 A→B→C의 흐름으로(=사후적인 것부터 사전적인 것으로) 형성되어왔다(C는 케인스 정책이라는 고용 자체를 창출하는 정책). 하지만 현재는 시장경제 자체가 성숙·포화 상태이므로 시장경제를 뛰어넘는 영역(커뮤니티)을 포함한 안전망이 요구된다

그림 7-1 사회 안전망의 진화와 구조

다만 이러한 사회보험은 미리 일해서 수입의 일정 부분을 '사회보험료'의 형태로 사전에 지급하는 것을 전제로 한다는 점에 주의해야 한다. 즉 선先 '고용'이 이루어져야 한다. 따라서 애초에 일을 하지 않았거나, 병을 앓거나, 실업 기간이 길어지면 사회보험이라는 안전망의 보호를 받지 못한다. 그래서 등장한 것이 '마지막 안전망'인 사회 보호다(그림의 가장 아래인 A). 이것은 세금으로 조달되는 최소한의 생활보장(현금 급부) 시스템이다.

이상의 내용이 사회 안전망의 일반적인 구조다. 실은 여기에서 논하고자 하는 내용은 다음 사항이다.

역사적으로 보면, **이러한 사회 안전망은 자본주의의 진화 과정에서 방금 말한 것과는 역순, 즉 피라미드의 아래에서 위를 향해 순차적으로 정비되어왔다**는 점이다.

다시 말해, 제2장에서 전개한 내용과도 이어지는데, 이러한 사회 안전망의 상징적인 최초의 예는 바로 자본주의의 발흥기에 영국 엘리자베스 1세가 제정한 '구빈법Poor Law'이다(1601). 묘하게도 1601년은 영국 동인도회사가 창설(1600)된 이듬해다. 제2장에서도 언급한 것처럼, 당시 영국에서는 모직물 등 농촌 공업이 발달하여 시장경제가 급속히 발전했다. 그러나 동시에 도시 빈민층 발생 및 확대라는 부작용이 발생했다. 이에 대한 선의의 구제책으로 제정된 것이 바로 구빈법이다.

그러나 18세기 후반에 산업혁명이 일어나 공업화가 진전되면서 대량의 도시 노동자가 생겨나자, **구빈법과 같은 사후적인 구제책으로는 도저히 감당할 수 없어졌다.** 따라서 노동자가 (질병이나 실업에 빠지기 전에) 사전에 돈을 공동으로 적립해두는 방식으로 빈곤에 미리 대비하자는 구상이 나왔다. 이렇게 국가에 의한 강제 가입 보험인 '**사회보험**'이 탄생했다. 잘 알려진 바와 같이 사회보험은 당시 급속히 공업화를 이룬 영국을 위협했던 독일(프로이센)의 재상 비스마르크의 기간 정책이 되었다 (1870년대에 질병보험, 산재보험, 연금보험이 창설됨).

이것들은 앞에서 본 사회 안전망 그림의 가운데(B)에 해당한다.

시스템의 근간에 대한 개입과 '사회화'

그러나 사태는 거기에 그치지 않았다. 그 후 공업화 및 자본주의가 더욱 가속하여 1929년, 결국 인류는 세계 대공황을 맞이하게 되었다.

이때 마르크스주의 진영은 자본주의는 생산과잉에 빠져 있기에 국가가 생산을 계획적으로 관리해야 한다고 주장했다. 이때 (제2장에서도 말한 것처럼) 마치 자본주의의 구세주처럼 등장한

사람이 바로 케인스였다. 케인스는 공공사업이나 사회보장을 통해 정부가 시장에 개입함으로써, (경제성장의 동력인) 새로운 수요를 창출할 수 있다고 주장했다. 즉 **피라미드의 가장 위층, 즉 '고용'을 창출할 수 있다**고 주장한 것이다.

'고용' 자체를 정부가 창출한다는 말은 그야말로 자본주의의 근간을 '수정'하는 것이다. 제2장에서도 언급했듯이 이러한 '케인스주의적 복지국가'의 이념과 정책은 '수정자본주의'라고 불렸다. 자본주의는 케인스의 정책을 통해 대공황과 전쟁을 치른 후 새출발하여 20세기 후반(특히 1970년대 무렵까지)에 대성공을 거두었다.

이상의 흐름만 봐도 앞서 지적한 것처럼 자본주의는 사회 안전망을 그림 7-1 피라미드의 아래부터 시작해 위쪽을 향해 정비해간 것이다.

그리고 여기에서 주목해야 할 것은 그러한 **자본주의의 역사적 진화 과정에서 시장경제에 대한 정부의 개입이 이른바 자본주의 시스템의 말단에서 근간으로 진화했다**는 점이다.

즉 처음에는 구빈법과 같은 사후적 구제에서 시작하여(제1 단계), 사회보험이라는 '사전적' 개입으로 변화했고(제2 단계), 20세기 중반 이후에는 케인스 정책적인 시장 개입을 통한 고용 자체의 창출(제3 단계)로 진화했다. 이것은 거시적으로 보면, **각각**

의 단계에서 분배 불균형 및 성장의 추진력 고갈 같은 '위기'에 봉착한 자본주의가 그 대응 혹은 '수정'을 '사후적' 혹은 말단적 인 것에서 점점 '사전적' 혹은 시스템의 가장 '근간'(혹은 중추)으로 거슬러가는 형태로 확장한 하나의 커다란 방향 전환으로 받아 들일 수 있지 않을까.

이때 '수정'한 내용은 정부 혹은 공적 부문에 의한 시장 개입 확대다. 그것은 바꿔 말하면 **자본주의가 시스템을 차례로 '사 회화'해온, ―혹은 시스템 속에 '사회주의적 요소'를 도입해온 ― 단계**라고도 할 수 있다.

그리고 제2차 세계대전 이후 크게 성장한 (부분적으로 사회화한) 자본주의는 1970년대경부터 서서히 저성장 국면에 돌입했다. 나아가 제2장에서 살펴본 금융화 · 정보화와 국제화를 통해 다 시 부흥했음에도 2008년에는 금융 위기에 맞닥뜨렸다.

그렇다면 앞으로는 어떤 사회 시스템을 전망 혹은 구상할 수 있을까(구상해야 할까).

자본주의 · 사회주의 · 생태학의 교차
──시스템 근간에서의 사회화란

아까부터 이야기하고 있는 '자본주의의 역사적 진화 과정에서 시장경제에 대한 정부의 개입이 이른바 자본주의 시스템의 말단에서 근간으로 진화했다'는 사실을 대전제로 두기로 하자. 그러면 논리적으로 '**시스템의 가장 근간**(혹은 중추)**으로 거슬러간 사회화**'를 전망할 수 있을 것이다.

그것은 앞서 제시한 그림 7-1의 피라미드 그림을 예로 들어 말하자면, 그림에도 표시된 것처럼 피라미드의 꼭짓점에서 전개되는 사회화 혹은 새로운 사회 안전망의 창출이라 할 수 있다.

나 자신이 이미 이전의 졸저에서 주장해온 내용과 중복되지만(히로이(2009b, 2011)), 결론부터 말하자면 그것은 다음 세 가지를 특히 중요한 축으로 삼는다.

(1) '인생 전반기의 사회보장' 등을 통한 인생 '공통의 출발선' 혹은 '기회 균등'의 보장 강화

(2) '저량을 통한 사회보장' 혹은 자산 재분배(토지 · 주택, 금융자산 등)

(3) 커뮤니티라는 안전망의 재활성화

이 중 (1)과 (2)는 '사회화'라는 방향에 관한 것이다. 그러나 (3)은 그것과는 약간 성격이 다른 시장(나)과 정부(정부)라는 이원론을 넘어선 '공'적 영역에 관한 것이다. 즉 지속 가능성이나 생태학의 이념과 이어지는 내용이다(이것은 다음 장 '커뮤니티 경제'에서 다루고자 한다).

우선 (1)에 대해 이야기해보자. 이것은 교육과 고용, 주택 등을 포함한 젊은이나 어린이에 관한 사회보장 혹은 공적 지원을 강화하여(재원으로서 상속세 등을 활용), 개인이 인생의 첫발을 내디딜 때 '공통의 출발선'에 설 수 있도록 국가가 충분히 보장하는 것이다.

그렇다면 그것을 왜 '자본주의 시스템의 근간으로 거슬러간 사회화'라 할 수 있을까.

근대적인 이념에서 보자면, 이 사회는 '독립된 평등한 개인'에 의해 성립된 것이며, 그러한 개인이 (계약을 통해) 사회를 구성한다. 근대 역사의 제1막에서 형성된 '복지국가'도 같은 사회관을 지닌다. 따라서 복지국가의 기본은 개인이 시장경제의 틀 안에서 자유로운 경제 활동을 하는 것을 전제로 하되, (격차 등의 문제가 발생했을 때) 사후적으로 수정하는 것이다.

하지만 이러한 사회관이 의외로 놓치고 있는 부분은 현실 사회에서 개인이 '벌거벗은 개인'으로서 평등하게 세상에 태어나

는 것이 아니라, 가족 혹은 가계의 일원으로 태어난다는 사실이다. 즉 (어떤 의미에서 당연한 말이지만) 개인은 이른바 세대 간의 계승성 안에 존재한다.

따라서 이러한 세대를 통한 계승성(부모에서 자식으로의 바통 터치)에 '사회적 개입'을 가하지 않는다면, 혹은 '상속'이라는 사적인 영역에 재분배 혹은 사회화를 하지 않는다면, 이전 세대에서 개인 간에 발생한 '격차'는 고스란히 다음 세대로 계승된다.

애초에 이것을 옳다고 볼 것인지, 아니면 그르다고 볼 것인지가 근본적인 물음이다. 이 주제는 기본적인 인간관 혹은 사회관에 관한 것으로, 단 하나의 정답만 있는 것은 아니다. 그러나 핵심은 **사회를 구성하는 기본적인 '단위**(유닛)**'를 '개인'으로 볼 것인가, 아니면 '가족**(혹은 가계)**'으로 볼 것인가**이다.

개인의 '기회의 균등'과 자유주의 · 사회주의

즉 전자의 주장은, 개인은 태어나 자라는 단계에서 가능한 한 평등한 환경에 놓여야 하며 '개인의 기회 균등'이 확보되어야 한다는 것이다. 한편, 후자는 부모가 이룬 성과 혹은 유산을 그들의 자녀가 향수하고 이어받는 것은 당연하며, 그것이

야말로 침해되거나 정부가 개입해서는 안 된다는 생각이다.

앞서 확인한 바와 같이, 근대적인 이념에서는 원래 '개인'을 기본적인 사회의 단위로 생각하므로, 단순히 말하자면 전자의 주장과 맥을 같이한다. 그러나 실제로는 **상속 혹은 부모에서 자식으로의 계승성이라는 점은 마지막까지 가장 '사적'인 영역으로 남아 있으며,** 공적인 관여는 (상속세와 같은 제도는 어느 정도 정비되어 있지만 한정적이다) 최소한으로 억제되고 있다.

하지만 어떤 의미에서는 그 결과로서, 현재 점차 '**격차의 상속 혹은 누적**(혹은 빈곤의 연쇄)'이 무시할 수 없는 문제로 부상하고 있다. 최근 일본에서도 다양한 방면에서 논의되고 있는 '어린이 빈곤' 문제나 대학 진학률에 부모의 소득이 관련한다(태어난 집의 소득이 높을수록 대학 진학률이 높다)는 사실도 이러한 점을 반영하는 예시라 할 수 있다. 따라서 이런 문제에 관한 공적 개입 혹은 재분배를 강화해야만 비로소 '기회의 균등'이 보장되고 동시에 그것이 (각 개인의 '기회'가 균등하게 보장된다는 의미에서) 사회나 경제의 활성화로도 이어진다는 시각이 중요하다.

재미있는 것은, 예전에 졸저에서도 논한 내용이지만(히로이 (2001)), 각각의 개인이 인생 초기에 '공통의 출발선'에 설 수 있어야 하고, 균등한 '기회'를 부여받아야 한다는 생각 그 자체는 '자유주의' 혹은 '자본주의'의 이념에 가깝다 할 수 있다. 그러

나 정작 현실에서는 시장경제 혹은 자본주의 시스템을 '방임'한 상태로 앞서 말한 상황을 실현할 수 없다—오히려 격차의 상속이나 누적이 발생한다—. 그러므로 지금 논의하는 상속의 일정한 사회화나 인생 전반기 사회보장 강화와 같은 정책적 대응이 중요하다.

즉 개인의 '기회 보장'이라는 자본주의적 이념을 실현하기 위해서는, 사회주의적인 사고를 일부 가져와야 한다는 말이다. 바로 여기에서 근본적인 패러독스가 발생한다. 다시 말해 역설적이게도 **개인의 '자유' 보장은 '자유방임'에 의해서는 실현할 수 없다.** 적극적 혹은 사회적으로 만들어가야 하는 것이다.

인생 전반기 사회보장과 세대 간 배분

지금 논하고 있는 '인생 전반기 사회보장'을 조금 더 구체적으로 살펴보도록 하자. 그림 7-2를 보면 알 수 있듯이 일본의 '인생 전반기 사회보장'은 다른 나라와 비교할 때 매우 낮다.

또한 '교육'은 인생 전반기 사회보장의 매우 중요한 역할을 담당하는데, GDP 대비 공교육 지출 비율을 국제 비교하면 1위인 덴마크(7.5%)를 비롯하여 노르웨이, 아이슬란드 등 북유럽

국가들이 상위를 차지하는 한편, 일본은 3.6%로, 선진국(OECD 가입국) 중에서는 최하위에 머무르는 상황이 5년 연속 이어지고 있다(OECD 가입국 평균은 5.3%).

특히 일본은 초등학교에 입학하기 전에 받는 취학 전 교육과 대학 등 고등교육의 사비 부담 비율이 높다는 점이 특징이다. 이것은 '기회의 균등'을 크게 해치는 요인이다(취학 전 교육의 사비 부담 비율은 55%(OECD 가입국 평균은 19%), 고등교육의 사비 부담 비율은 66%(OECD 평균은 31%). (이상 2011년 데이터, OECD, Education at a Glance 2014년 참조))

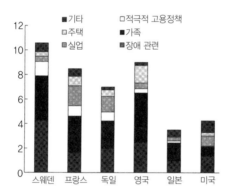

그림 7-2 '인생 전반기 사회보장'의 국제 비교(GDP 대비(%), 2011)

(출처) OECD, Social Expenditure Database를 바탕으로 작성

제2차 세계대전이 끝난 지 얼마 지나지 않았을 때 일본에서는 (미국 점령군의 주도로) '농지 개혁(즉 토지의 재분배)'과 '중학교 교육의

의무화' 등의 개혁이 대대적으로 시행되었다. 사실 이 두 가지
는 모두 지금 논하고 있는 인생 초기의 '공통 출발선'을 실현하
는 강력한 장치였다(전자인 농지 개혁은 나중에 언급할 '저량(자산)의 재분배'와도
연관이 있다. 이상에 대해 히로이(2009a) 참조).

돌아보면 이러한 과감한 개혁이 있었기에 비로소 개인의 기
회 균등이 보장되었고, 그 후의 경제발전으로 이어졌다고 볼
수 있다. 또한 현재 일본 사회는 비슷한 시스템이 장기간에 걸
쳐 지속하여, 격차의 누적 및 '세습'적인 성격이 강하다. 일본

표 7-1   사회보장 지출의 국제 비교(GDP 대비(%), 2011)
────일본이나 남유럽은 연금 비중이 크다────

		고령자 관련(연금)	사회보장 전체
북유럽	스웨덴	9.4	27.2
	덴마크	8.4	30.1
대륙유럽	프랑스	12.5	31.4
	독일	8.6	25.5
	네덜란드	6.2	23.5
앵글로색슨	영국	6.1	22.7
	미국	6.0	19.0
남유럽	이탈리아	13.4	27.5
	그리스	12.3	25.7
	스페인	8.9	26.8
	일본	10.4	23.1

사회는 이른바 가만히 놔두면 '경직되기 쉬운' 사회다. 나중에 다시 정리하겠지만, 상속세 등을 강화하여 교육을 포함한 '인생 전반의 사회보장'의 재원으로 활용하는 정책을 추진해야 한다.

한편, 인생 전반기 사회보장을 논할 때 또 하나 무시할 수 없는 중요한 논점이 있다. 그것은 (사회보장 등의) '세대 간 배분'에 관한 것이다.

우선 표 7-1을 보기 바란다. 이것은 사회보장 지출의 전체 규모와 그중 고령자 관련 지출 (여기에서는 연금) 규모를 각각 국제 비교한 것으로, 몇 가지 특징이 있다.

주목해야 할 것은 일본은 사회보장 전체 규모가 이들 국가 중에서도 가장 '작은' 부류에 속하는 데 반해, 고령자 관련 지출(연금)의 규모는 가장 크다는 점이다.

그것은 일본과 덴마크를 비교하면 현저하게 드러난다. 사회 보장 전체의 규모는 덴마크가 일본의 1.5배에 달하는 데 반해, 고령자 관련 지출(연금)은 일본이 덴마크보다 많다. 또 덴마크뿐 아니라 스웨덴, 핀란드 등의 북유럽 국가는 사회보장 전체의 규모는 일본보다 훨씬 크지만 연금 규모가 일본보다 작다. 반 대로 말하면 이들 국가에서는 고령자 관련 외 분야의 사회보장 (어린이 관련, 청년 지원, 고용, 주택 등)이 매우 탄탄하다는 사실이다.

겉으로 드러나 있듯이 아이러니하게도 **일본과 닮은 구조의**

나라는 그리스와 이탈리아 등의 남유럽 국가다. 이들 국가는 사회보장 전체의 규모는 상대적으로 작은데 연금의 규모는 크다는 특징이 있다. 그리스 경제 위기(2010년~)의 주요 배경 중 하나가 연금 문제였다는 것은 기억에 새롭다.

연금제도와 세대 내 · 세대 간 평등

이런 시각에서 보면 일본의 사회보장은 세대 간 배분 측면에서 편향 혹은 왜곡이 상당히 크다는 점을 알 수 있다. 크게는 고령자 관련 자금을 '인생 전반기 사회보장'에 배분하는 방식으로 이행해야 한다. 단 여기에는 다음과 같이 조금 더 복잡한 요소를 포함한다.

그것은 같은 연금 수급자라 해도 고령자 간에 격차가 크다는 점이다. 그 부분을 놓쳐서는 안 된다. 단적으로 말해 현재 일본의 연금 제도에서는 고령자에 대한 급부 면에서 **'과잉'과 '과소'의 공존**이 발생하고 있다.

즉 한편에서는 고령자 중 비교적 고소득층이 (고소득자였기에) 상당한 액수의 연금을 받는데, 한편에서는 매우 적은 연금을 받는다. 일본에서는 국민연금 혹은 기초연금이 만기(40년 가입)가

되면 약 65,000엔(2015년도)을 받도록 되어 있다. 그러나 여성의 평균 수급액은 4만 엔대이며, 그보다 낮은 층도 두텁다. 실제로 65세 이상 여성의 '(상대적) 빈곤율'은 약 20%로, 독거자가 52%에 이른다(2009년 일본 내각부 집계).

이처럼 한쪽에서는 '과잉'이라 할 만한 금액의 연금을 받는데 또 한쪽에서는 '정말 필요한 층'이 충분한 연금을 받지 못하는 것이 일본의 실정이다(참고로 일본의 사회보장 급부는 2012년도에 108조 6,000억 엔이었는데, 그중 연금 급부는 전체의 약 절반(49.7%)을 차지하여 54조 엔에 이른다).

왜 이러한 사태가 벌어지는 것일까. 바로 현재 일본의 연금 제도가 '보수 비례'의 성격을 띠기 때문이다(후생연금의 '2층'이라고 불리는 부분). 즉 일본의 연금 제도는 '소득이 높을수록 많은 연금을 받는' 구조다.

심지어 일본의 연금 제도는 실질적으로 부과 방식(고령자에 대한 연금 급부를 현역 세대가 갹출하는 보험료로 지급함)이므로 그 부담을 현역 세대가 고스란히 떠안는다.

반대로 기초연금은 (기초적인 생활을 보장하는) 성격으로 볼 때, 원래 세금으로 충당되어야 하는데, 실제로는 실현되고 있지 않다(절반이 보험료). 또한 앞에서 말한 것처럼 저소득층으로 갈수록 충분한 연금을 받지 못하는 상황이다.

전체적으로 일본의 연금은 '세대 내' 혹은 '세대 간' 쌍방이

어떤 의미에서 **역진적**이다. 다시 말해 '오히려 격차를 확대하는' 제도다.

반면, 앞에서 일본과 덴마크를 비교했는데 덴마크는 일본과는 반대로 연금제도의 중심이 '기초연금'인 데다(재원은 모두 세금에서 충당된다), 그 부분이 비교적 두텁고 평등하다. 또한 일본과는 달리 보수에 비례하는 부분은 매우 제한적이다. 따라서 저소득층을 제대로 보장하면서도 연금 전체의 급부 규모는 일본보다 작은, 일본과는 정반대 상황인 것이다.

나는 애초에 공적연금의 기본적인 역할은 고령자에게 일정 이상의 생활을 평등하게 보장하는 것이어야 한다고 본다. 가령 큰 방향을 제시하자면, (덴마크가 그렇듯) 세금을 통해 기초연금을 충분히 비축하고, 보수 비례 비율을 줄이는 개혁을 단행해야 하지 않을까. 그것이야말로 고령자 사이의 '세대 내 평등'과 함께 젊은 세대 혹은 현역 세대와의 '세대 간 평등'에 이바지할 것이다.

구체적으로 말하면 상속세 외에도 (고소득 고령자의) 보수 비례 부분에 관한 연금 과세를 강화하여, 그 세수를 '인생 전반기 사회보장'에 돌리는 등의 정책을 추진할 것을 제안하는 바이다. 이러한 정책을 통해 앞서 기술한 것처럼 연간 50조를 넘으며 착실히 증가하고 있는 연금 급부 중 가령 보수 비례 부분에 관

련한 2, 3조 엔을 청년이나 어린이 관련 지원에 배분한다면 큰 의의가 있지 않을까.

'저량/자본의 사회보장'과 재분배

우리가 앞으로 전개해야 할 '시스템의 근간으로 거슬러간 사회화'는 자본주의가 진화한 결과라 할 수 있다. 나는 지금까지 그 첫 번째 축으로서, 인생 전반기 사회보장 등을 통해 인생의 '공통 출발선'을 보장해야 한다고 주장했다. 그렇다면 제2의 축으로 제시한 '저량의 사회보장' 혹은 자산의 재분배(토지 · 주택, 금융자산 등)는 어떨까.

이 주제에 대해서는 최근의 졸저에서 다양한 각도로 논했으므로(히로이(2009b, 2011)), 여기에서는 간단히 소개만 하고 넘어가려 한다. 그것은 다름 아닌 2013년에 프랑스에서 간행되고, 이듬해인 2014년에 영어로 번역 출간되어 큰 화제를 모은 경제학자 토마스 피케티Thomas Piketty의 저서 『21세기 자본Le Capital au XXIe siècle』의 중심 주제와 같은 맥락이다(Piketty(2014)). 일본에서는 2014년 말에 번역본이 출간되어 어느 정도 유행했다.

졸저(『커뮤니티를 다시 묻다コミュニティを問いなおす』)에서 내가 주장한 것

은 다음과 같다. 즉, GDP가 급속한 확대·성장을 거듭하는 시대—전형적으로는 제2장에서 '자본주의의 황금시대'라고 표현한 1940년대 후반에서 1960년대경 등—에는, GDP 즉 '유량流量/flow'이 현저히 증가했으므로 '저량', 즉 토지나 금융자산 등의 비중은 상대적으로 낮았다. 그러나 우리가 현재 맞이한 경제의 성숙기 혹은 '정체형 사회'에서는 유량의 증가가 매우 적기 때문에 저량의 의미가 상대적으로 커졌다. 특히 그 '격차'나 '분배' 방법이 사회적으로 큰 과제다.

일본에서 격차를 둘러싼 주제가 논의된다면 그것은 대체로 '소득' 즉 유량의 격차와 관련된 것이다. 그러나 사실 **격차가 더욱 큰 쪽은 다름 아닌 '저량' 혹은 자산**(금융자산이나 토지·주택)**이다.** 실제로 격차의 정도를 나타내는 이른바 지니계수를 보면, **연간 수입**(두 명 이상의 일반 세대)**의 지니계수가 0.311인 데 반해, 저축에 대한 계수는 0.571, 주택·택지 자산액에 대해서는 0.579로 나타나**(전국 소비 실태 조사(2009)), 소득보다 오히려 금융자산이나 토지 등의 격차가 훨씬 더 크다는 사실을 알 수 있다(그림 7-3).

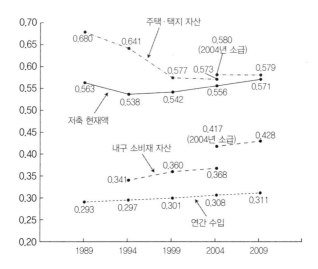

그림 7-3 소득과 자산을 둘러싼 경제 격차(지니계수)의 동향 :
소득 격차보다 주택·토지·저축의 격차가 더 큼

(출처) 일본 총무성 통계국 : 2009년 전국 소비 실태 조사

생각해보면 저량 혹은 자산은, 유량 혹은 소득이 '누적'된 결과이므로 이런 상황은 충분히 예상할 수 있다. 또한 이때 '누적'에는 앞서 말한 부모가 자식에게 상속함으로써 발생하는 세대 계승도 포함된다. 그리고 이러한 '저량' 혹은 자산에 관련한 영역은 앞서 말한 '상속'과 마찬가지로 근대 자본주의 혹은 복지국가의 '맹점'이자 가장 사적인 영역으로서 공적인 개입 바깥에 놓여 있다.

실제로 지금까지 복지국가 혹은 사회보장은 '유량'의 재분배 (소득 재분배)를 기본적인 임무로서 삼아왔다. 연금 제도도 그러하며, 의료나 복지서비스, 실업보험, 생활보호 등도 '유량'에 속한다. 예외적으로 '공적 주택'만은 저량에 속하는 사회보장인데, 일본에서 이 영역은 유럽과 비교할 때 매우 미미하다. 즉 주택 전체에서 차지하는 공적 주택의 비율이 낮다. 심지어 이른바 '고이즈미小泉 개혁' 이후 공적 주택은 더욱 축소되었다(이 주제에 관해 자세한 내용은 히로이(2009b) 참조).

그러나 위에 적은 내용처럼 현재와 같은 성숙화 혹은 정체화 사회에는 유량이 거의 증가하지 않는다. 따라서 '저량' 혹은 자산의 분배·재분배가 사회 전체의 과제다. 이른바 **'저량의 사회보장'**이라는 새로운 발상 및 대응이 중요하다.

'자본주의의 중심적 모순'?

그리고 그것은 지금 논의하고 있는 자본주의라는 시스템의 근간으로 거슬러간 사회화라는 주제와 겹친다. 왜냐하면 저량 혹은 자산을 '사적' 영역에 맡길 것인지, 아니면 일정한 공적 규제나 공적 소유로 대응할 것인지가 자본주의와 사회주의를

가르는 가장 기본적인 분기점이라고 생각해왔기 때문이다.

이러한 현상이 특히 현저히 드러나는 부분이 토지 소유에 관해서다. 그러나 이때도 주의가 필요하다. 토지 대부분을 개인이 소유한 일본이나 미국에 반해, 유럽은 토지의 공적 소유 비율이 상대적으로 높다. 특히 북유럽을 보자. 핀란드 헬싱키 시는 토지의 65%가 시유지(국유지를 포함하면 75%)고, 스웨덴 스톡홀름 시는 토지의 70%가 시유지다. 이처럼 북유럽 국가에서는 '토지 공유'가 일반적이다. 저량 혹은 자산에 대해서도 '사회화'가 상당히 진행된 셈이다(히카사日笠(1985), 히바타日端(2008), 히로이(2009b) 참조).

어느 쪽이든 앞으로는 이상과 같은 인식을 바탕으로, 자산의 재분배 혹은 '저량의 사회보장'이라는 관점에서 대응해나가야 한다. 구체적으로는 주택 보장의 강화, 토지 소유 방식의 재고찰(공公유지 혹은 공共유지의 강화와 적극적 활용), 나아가 금융 자산 및 토지에 대한 과세 강화가 필요하다. 그것을 통한 저량의 재분배와 사회보장 재원 마련이 새로운 과제다.

화제를 넓히면 위에서 말한 것 중 토지·주택의 공유公有·공유共有는 최근 다양한 형태로 전개되고 있는 '셰어(혹은 셰어 경제'를 둘러싼 논의로도 이어진다(미우라三浦(2011)).

이러한 주제에 관하여, 앞서 말한 피케티의 『21세기 자본』에

서 '자본주의의 중심적인 모순central contradiction of capitalism'으로서 지적되고 있는 것이 'r 〉 g'이다. 즉 'r(토지나 금융 자산 등에서 얻을 수 있는 평균 수익률)'이 'g(경제 성장률 혹은 소유의 증가율)'보다 크다는 점이다.

요컨대 노동으로 얻을 수 있는 임금보다 자산을 운용하여 얻을 수 있는 ('불로') 소득이 더 크다는 말이다. 이러한 지적의 근거로서 피케티는 다음과 같은 사실을 제시했다. 독일, 프랑스, 영국 등 3개국에 대해 '사유 자산의 총액이 국민소득 전체에 대해 차지하는 비율' 추이를 살펴보니, 1910년부터 1950년에 걸쳐 감소하다가 다시 증가하는 일종의 'U자 커브' 형태를 보였다는 점이다.

이러한 증가 국면의 배경에 대해 피케티는 '상대적인 저성장 체제로 회귀한 것'이라 보고, '경제성장 속도가 느려지는 시대에는 자연히 과거의 자산이 불균등하게 큰 중요성을 띠게 된다'고 말했다. 그리고 이러한 상황에서는 '기업가가 불가피하게 금리 생활자rentier로 전환된다'고 그는 주장한다(rentier란 프랑스어로 '불로소득 생활자'라는 의미도 지닌다).

기업가의 소멸을 자본주의의 종언 혹은 자살이라 할 수 있다. 그것을 피하고자 '자산의 재분배'라는, 여기에서 논하고 있는 '자본주의의 가장 근간으로 거슬러간 사회화'가 요구된다.

즉 **자본주의적 이념을 존속시키기 위해서는 오히려 사회주의적인 대응이 필요하다**는 이 역설적인 구조는 앞에서 말한 '인생 전반기 사회보장'과 기회의 균등을 둘러싼 논의와 궤를 같이한다.

혹은 여기에서 다시 한번 제1장에서 다룬 브로델의 '자본주의와 시장경제는 대립한다', '자본주의는 "반−시장"이다'라는 논의를 떠올려보자. 피케티의 주장을 포함하여 여기에서 말하는 방향은 이른바 **'자본주의(의 억압)에서 시장경제 혹은 개인의 자유를 지키는 것'**이라고도 말할 수 있을지 모른다.

제3장 마지막에서 경제학자인 니시베 마코토가 서브프라임 모기지론과 같은 상품을 무분별하게 판매한 금융기관을 '대마불사'라는 명목으로 구제하는 현재의 자본주의 시스템을 ('자유경쟁'이나 '자기 책임' 원칙 자체가 부정되었다는 의미에서) '자본주의의 자기모순'이라고 주장한 논의를 살펴보았다. 이것들은 모두 브로델적인 '자본주의와 시장경제의 대립'의 다른 국면이 아닐까.

'부의 원천'과 세금의 의미
──자본주의 · 사회주의 · 생태학의 교차

그런데 피케티의 말에서 '상대적 저성장 체제로 회귀'라는 표현이 나오는데, '저량'의 비중이 커지는 상황은 미지의 영역으로 이행한다기보다는 고도 성장시대(혹은 급속한 공업화 시대)의 이전 시대로 회귀하는 측면을 지닌다. 이 점은 (부의 재분배에서 가장 중요한 도구 중 하나인) '세금' 체계와 깊게 관련되어 있다.

이 화제도 지금껏 졸저에서 반복적으로 이야기해왔으므로 간단한 지적만 하고 넘어가겠다(히로이(2006, 2013) 등). 흥미롭게도 일본의 경우 메이지明治 시대(1868~1912)에 세수 중 가장 큰 부분을 차지하는 것은 바로 '지조地租', 즉 토지에 대한 과세였다(실제로 메이지 10년(1877년) 세수 전체의 82%).

그 이유를 생각해보자. 일반적으로 '세'라는 것은 앞서 말한 것처럼 '부의 재분배'를 위한 중요한 도구이므로 당연히 그 시대의 '부의 원천'이다. 그리고 공업화가 본격화하기 이전의 농업 중심 사회에서 '부의 원천'은 압도적으로 '토지'였다. 그래서 토지에 대한 과세가 세의 중심 부분을 차지한 것이다.

그 후 공업화 사회가 도래하고, 기업 등에 의한 생산 활동이 '부의 원천'이 되자 소득세 그리고 법인세가 세수의 중심을 차

지하게 되었다(이른바 산업화사회 · 전기). 실제로 일본에서도 다이쇼大正 시대(1912~1926) 중반에 소득세가 지조를 대신하여 세수 중 1위를 차지했다. 나아가 시대가 바뀌어 물자가 부족한 시대가 끝나고 소비사회가 되었다. 즉 생산(공급)보다 소비(수요)가 경제를 구동 혹은 규정하는 주요 요인이 된 것이다. 여기에 고령화도 가세하여 (소득이 없는 퇴직자도 일정한 세금을 부담하는) 소비세가 등장했다(산업화사회 · 후기). 소비세를 최초로 도입한 나라는 프랑스였다(1969년).

하지만 현재는 이 장에서 논의한 바와 같이 경제가 성숙 · 포화함으로써 '저량'의 중요성이 다시금 커졌다. 동시에 환경 · 자원 제약이나 그 유한성이 뚜렷해져서 환경 혹은 자연이라는 궁극적인 '부의 원천'이 재인식되었다. 여기에서 저량(자산)에 관한 과세나 앞서 소개한 '노동 생산성에서 환경 효율성으로'에서 다룬 환경세(나아가 자연 저량으로서 중요한 토지 과세)가 새로운 맥락에서 중요해졌다. 동시에 '분배(재분배)'의 방법이 큰 주제로 떠올랐다.

참고로 생태적 흐름에 속하는 영국의 경제 사상가 데니스 로버트슨Dennis Holme Robertson은 '공유共有 자원common resources에 대한 과세'라는 사고를 토대로 토지나 에너지 등에 대한 과세의 중요성을 주장했다. 그는 '인간이 부여한 가치'보다 '인간이 끌어낸 가치'에 과세하자는 흥미로운 논의를 전개했다. 그의

주장에는 '부의 원천은 인간의 노동이나 활동보다 자연 그 자체'라는 근본적인 인식의 전환이 밑바닥에 깔렸다(로버트슨(1999), Fitzpatrick and Cahill(2002)).

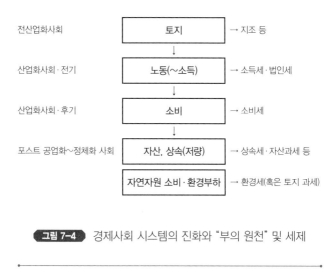

전산업화사회	토지	→ 지조 등
산업화사회·전기	노동(~소득)	→ 소득세·법인세
산업화사회·후기	소비	→ 소비세
포스트 공업화~정체화 사회	자산, 상속(저량)	→ 상속세·자산과세 등
	자연자원 소비·환경부하	→ 환경세(혹은 토지 과세)

그림 7-4 경제사회 시스템의 진화와 "부의 원천" 및 세제

마르크스적 노동 가치설과는 다른, 이른바 '자연 가치설'이라고 불러야 할 세계관이다. 즉 자연자원은 본래 인류 공유의 자산이기 때문에, 그것을 사용하여 이익을 얻는 자는 이른바 그 '사용료'를 '세금'으로서 내야 한다는 논리다. 노동이나 생산에 대한 과세뿐 아니라 인간이 자연을 사용하는 데 대한 과세라는 발상이다. 이것은 이 장에서 풀어가고 있는 '자연주의·

사회주의·생태학의 교차'라는 주제―자연주의의 사회화가 진행되어, 심지어 그것이 자원·환경 제약의 현재顯在화와 수요의 성숙·포화라는 상황을 배경으로 전개한다는 구조―로도 이어지는, 세금 그리고 '부의 원천'에 대한 궁극적 이해이다.

이상의 개요를 정리한 것이 그림 7-4다. 이러한 파악은 여기에서 논의해온 자본주의의 진화에 관한 시점―자본주의라는 시스템이 그 수정을 시스템의 '주변'에서 출발하여 '근간'을 향해 순차적으로 이행해왔다는 논의―와도 짝을 이룬다.

제8장 커뮤니티 경제

두 가지 좌표축

지금까지 우리는 자본주의의 진화라는 관점에서 특히 '자본주의의 근간으로 거슬러간 사회화'라는 방향성에 주목하여 (1) 인생 전반기 사회보장 등을 통한 '기회의 균등' 보장이나 (2)'저량의 재분배'라는 새로운 과제에 대해 논의했다.

한편 이러한 논의에서 빠졌지만 미래 사회를 구상하는 데 매우 본질적인 의미를 지니는 주제가 있다. 바로 '커뮤니티'와 '로컬'이다.

약간 개념적인 논의지만, 우선 표 8-1을 살펴보자.

표 8-1 '공公—공共—사私'와 '로컬—내셔널—글로벌'을 둘러싼 구조

	지역(로컬)	국가(내셔널)	지구(글로벌)
'공共'의 원리 (호혜성)~커뮤니티	지역 커뮤니티	국가라는 커뮤니티 ("큰 공동체"로서의 국가)	'지구 공동체' 혹은 "글로벌 빌리지"
'공公'의 원리 (재분배)~정부	지방 정부	중앙 정부 ("공공성의 담당자/ 책임자"로서의 국가)	세계 정부 cf. 지구 수준의 복지국가
'사私'의 원리 (교환)~시장	지역 경제	국내 시장 혹은 '국민 경제 national economy'	세계시장

(주)
제1단계 : ████████……(근대적 모델에서의) 본래의 주요 요소
제2단계 : [   ]……현실의 주요 요소=국가(~내셔널리즘) ←산업화
제3단계 : 세계 시장에 대한 수렴과 그 지배 ←금융화·정보화
향후 : 각 수준에서의 '공—공—사'의 종합화&로컬에서의 출발
←정체화 (혹은 포스트 금융화·정보화)

표에서 가로는 '로컬—내셔널—글로벌', 즉 공간에 관한 축
이다. 세로는 사회를 구성하는 주체 혹은 사람과 사람의 관계
성에 관한 다음 세 가지 원리를 나타내는 축이다.

· '공共'적 원리(호혜성互惠性)~커뮤니티

· '공公'적 원리(재분배)~정부

· '사私'적 원리(교환)~시장

이때 괄호 안에 들어가 있는 '호혜성', '재분배', '교환' 등 세

가지는 경제 사상가인 칼 폴라니Karl Paul Polany가 인간의 경제 행위의 세 가지 기본 유형으로서 제시한 것이다(폴라니(1975)). '호혜성'은 커뮤니티(공동체)에 대응하고, '재분배'는 정부에 대응하며, '교환'이 시장에 대응한다는 사실은 비교적 쉽게 알 수 있다.

그런데 여기에서 생각해봐야 할 것이 있다. 지금 말하는 '공—공—사' 세 가지가 앞서 말한 '로컬—내셔널—글로벌'이라는 공간 축과 어떻게 관여하는가 하는 점이다.

우선 일반적으로는,

· '공共'~커뮤니티→로컬
· '공公'~정부→내셔널
· '사私'~시장→글로벌

이라는 대응을 쉽게 생각할 수 있을 것이다. 즉 ①호혜성 혹은 상호부조를 원리로 하는 커뮤니티는 그 성격으로 보아 (이른바 '얼굴이 보이는' 관계성의 무대다) '로컬'과 쉽게 관련지을 수 있다. ②재분배를 원리로 하는 정부 혹은 '공'은 그러한 개개의 로컬적인 (지역) 커뮤니티의 한 단계 위 레벨(=내셔널)에 있는 것. 그야말로 지역 간의 재분배를 행하는 것이다. ③한편, 교환을 기조로 하

는 '시장'은 그 본래 성격으로 보자면 하나의 지역 커뮤니티나 국가 안쪽에 머무르는 것이 아니라 그러한 '경계'를 넘어서 전개하는 것이며, 따라서 자연히 '글로벌'(=시장경제)로 귀결된다.

그러나 (제2장에서 이야기한 내용과도 이어지지만) 현실 역사에서는 다음과 같은 이유로 사태가 반드시 그렇게 전개되지는 않았다.

즉 16세기 전후부터(제2장에서 다룬 프로토 공업화라는 초기 공업화와 중상주의를 통한) 자본주의의 전개, 그리고 산업혁명기 이후의 본격적인 산업화 혹은 공업화를 견인해온 영국의 예에서 상징적으로 드러나듯, '공共'적 원리(커뮤니티), '공公'적인 원리(정부), '사私'적인 원리(시장) **모두가 내셔널 레벨=국가로 집약**되었다.

'국민국가/국민경제'의 의미

무슨 말인가 하면, 우선 '공共'적인 원리(커뮤니티)는 '커다란 공동체로서의 국가(=국민국가)'라는 발상 혹은 관념이 굳어져서, 즉 커뮤니티의 중요한 '단위'가 로컬 공동체를 넘어서 오히려 내셔널 차원으로 집약되었다(그 이유는 바로 다음에 고찰하겠다)는 것이다.

참고로 경제학자인 무라카미 야스스케村上泰亮는 '커먼웰스commonwealth'라는 관념을 소개하면서, 이러한 국민 의식이 영

국에서 선구적으로 형성된 과정을 논했다. 그는 '영국은 명백히 다른 나라보다 먼저 국민국가가 되었고, 16세기에 이르자 영국인은 국가라는 존재를 의심하지 않았다. 스페인, 프랑스, 독일, 오스트리아 등 16세기에 이런 의식을 지닌 나라는 없다'고 말했다(무라카미(1992)).

한편 '공公'적인 기능(재분배 주체로서의 정부)은 자연히 내셔널이 중심이 되었다(가령 구빈법 제정). 나아가 '사'적 원리로서의 '시장'도 앞서 논한 바와 같이 (그 본래 모습으로서의) '세계 시장'은 부분적으로만 성립하며, 오히려 국내 시장 혹은 '**국민 경제**national economy'라는 의식 혹은 실체가 전면으로 나왔다. 따라서 국가가 각 영역의 시장경제를 다양한 형태로 관리하였다(무역 관리를 포함하여). 이것은 본래는 '국경'이 없는 시장이 국가라는 주체에 의해 공동체(=국가라는 커뮤니티) 별로 '나뉘었다'고 보는 것도 가능하다. 동시에 그것은 '경제내셔널리즘'의 형성과도 이어져 있었다.

이상의 내용에 대하여, 역사학자인 브로델은 다음과 같이 인상 깊게 기술한 바 있다.

"유럽의 세계=경제의 추이에 대해서는, 교대로 세계=경제를 창출하여 활기를 불어넣어온 '중심'을 주제로 하여, 모두 설명했다. 여기에서 지적해두어야 할 것은, 1750년대에 이르기

까지 이러한 지배적인 중심은 언제나 도시이자 도시국가였다는 사실이다. 18세기 중반까지 경제 세계를 지배했던 암스테르담은 최후의 도시국가이자 역사상 최후의 폴리스라 해도 좋다. ……그러나, 계몽의 세기(18세기) 중반에 들어서자 새로운 시대가 막을 열었다. 새로운 지배자 런던은 도시국가가 아닌 영국제도의 수도이자 강대한 국민 시장이라는 차격과 힘을 부여받았다."

"국민 경제란 물질생활의 필연성과 개혁의 촉구로 국가에 의해 통합된, 하나로 어우러진 경제 공간으로 규정된 정치 공간을 말한다. 그곳에서의 활동은 전체적으로 한 방향으로 향한다. 영국만이 일찍이 이러한 방향으로 향했다."(브로델(2009), 강조점은 인용자)

즉 애초에 '시장경제 플러스 확대 · 성장'으로서의 자본주의를 견인한 것은 (국민)국가이며, 그것은 중앙집권적 통솔에 의해 강력하게 '한 방향'으로 추진되었다. 영국이 맨 앞에 섰고, 조금 늦게 프랑스가 뒤를 따랐다. 식민지 지배에도 나섰지만 오히려 '로컬'의 분권성이 강했던 나라들—이탈리아, 독일, 그리고 일본도 여기에 해당한다—은 '한발 늦은' 셈이 되었다. 한편, 그러한 '세계 자본주의의 부흥' 경주에서 선두를 따라잡기 위해서, 사상을 포함하여 국가 통제를 마치 날림공사처럼 강

화했다. 그것은 당연히 많은 모순을 낳았다.

달리 말해 그 이전, 즉 중세시대에는 국가의 힘과 영향력은 대체로 약했으며, 사회 구조도 분권적 혹은 분산적이었다. 그것이 제3장에서 언급한 '새로운 중세'론과도 호응한다.

경제구조의 변화와 '최적 공간적 유닛'의 변용

어쨌든 이상의 과정을 거쳐, 근대 자본주의, 특히 산업화(공업화) 시대 이후 '공共'적인 원리(커뮤니티), '공公'적인 원리(정부), '사私'적인 원리(시장) 모두가 내셔널 레벨로 집약되었다.

그 원인은 무엇일까. 물론 경제 · 정치 · 문화 등등의 각 방면에 걸친 무수한 요인이 작용했겠지만, 미처 생각지 못한 곳에 다음과 같은 요인이 숨어 있었던 것은 아닐까.

바로 그 시대의 기본 구조였던 '산업화(공업화)'라는 현상의 이른바 **'공간적 확산(혹은 공간적 유닛)'**이 그제까지의 (농업 시대의) '로컬' 지역 단위보다는 크고, 글로벌(지구)보다는 좁았다는 점이다.

이것은 특별히 어려운 말이 아니라, 오히려 단순한 사실관계를 나타낸 것이다. 즉 농업 생산은 대부분 비교적 소규모의 로컬 지역 단위에서 완결된다. 그러나 산업화(공업화) 이후의 단계

를 생각하면, 가령 철도의 부설, 도로망의 정비, 공장이나 발전소, 댐 등의 배치 등은 대부분 로컬 공간 단위를 넘는 계획이나 투자가 필요하다. 따라서 이때는 '경제의 최적 공간적 유닛'이 내셔널 레벨로 변모한다. 반대로 그것들은 (금융시장처럼) 글로벌이라 부를 만큼 공간적으로 확산하지는 않는다.

이와 같은 '산업화(공업화)'라는 현상 혹은 구조 변화가 지니는 공간적 성격(혹은 공간적 사정거리)이 그 시대에서의 '공共·공公·사私 모두가 내셔널 레벨=국가로 집약'되는 상황을 낳은 기본적인 요인 중 하나가 아니었을까.

금융화·정보화와 그 미래

시대는 이윽고 '금융화=정보화'의 시대에 돌입한다. 이때는 내셔널 레벨이라는 일정한 지역·공간 범위에 머물러 있던 공업화 시대에 더욱 근본적인 변화가 발생한다. 문자 그대로 다양한 국경 혹은 국경을 초월한 '세계시장'이 성립된 것이다. 이것은 시장이 필연적으로 도달한 모습이며, 동시에 경제 구조의 변화와 제3장에서 논한 정보 기술의 발전을 배경으로, 경제의 '**최적 공간적 유닛**'이 (산업화시대에서) **글로벌 레벨로 옮겨간 것**

을 의미한다.

한편으로 '공共'적 원리(커뮤니티)나 '공公'적 원리(정부)에 관해서는, 글로벌 레벨에서의 그러한 의식이나 실체—'지구 공동체', '글로벌 브리지'와 같은 의식이나 세계 정부 등—가 더욱 극명하게 취약하거나 없다. 따라서 그 결과로서 1980 · 1990년대부터 '모든 것이 시장경제에 수렴하고 그것이 지배적인 존재가 되는' 상황이 진행되었다(앞의 표 8–1을 다시 참조).

그렇다면 미래는 어떻게 전망해야 하는가. 앞으로의 시대 (='포스트 정보화 · 금융화' 혹은 정체화 시대)의 기본적인 방향으로서,

　　　(1) 각 레벨의 '공公—공共—사私'의 종합화
　　　(2) 로컬 레벨에서의 출발

이 두 가지가 중요하다.

이 중 (1)은 '세계시장'(즉 '글로벌'과 '시장'의 조합)이 강력해진 현재 같은 상황에서 각 레벨, 즉 로컬—내셔널—글로벌 각 레벨에서, '공共(커뮤니티)—공公(정부)—사私(시장)'이라는 3자의 확립과 종합화를 추진해가는 것이다.

(2)는 (1)의 내용을 인식한 후, 각 레벨의 상호관계를 정립할 때 어디까지나 로컬 수준에서 출발해야 한다는 것이다. 우선

로컬 레벨로 기반을 쌓은 후에 내셔널, (리저널regional)글로벌 레벨의 정책 대응과 거버넌스 구조를 쌓아올려야 한다.

왜일까. 바로 포스트 산업화, 나아가 미래에 찾아올 포스트 정보화 · 금융화 그리고 정체화 시대에는, 제6장에서 말한 이른바 '시간의 소비'라는 커뮤니티나 자연 속에서 현재를 만끽하고자 하는 사람들의 욕구가 새로이 등장하기 때문이다. 따라서 복지, 환경, 지역 활성화, 문화 관련 영역이 크게 발전할 것이다. 이들 영역은 내용 면에서 보면 **로컬 커뮤니티에 기반을 둔다.** (공업화 시대의 내셔널 레벨인 인프라 정비나 금융화 시대의 세계시장에서의 금융거래 등과 달리) 그 '최적의 공간적 유닛'은 다름 아닌 로컬 레벨에 있기 때문이다.

심지어 중요한 것은 이러한 구조 변화는 제1부에서 고찰했듯이 근대과학 성립 이후 과학의 기본 콘셉트가 '물질(혹은 힘)→에너지→정보'로 변화하였으며, 나아가 다음 단계인 '생명life'으로 이행한다는 기본적인 변화 모습과도 대응한다. 제3장에서도 논했듯이, 과학 또한 **'포스트 정보화'** 시대로 이행하고 있다.

그리고 이것은 제2부의 논의와 이어지는데, 그곳에서 '생명'은 기계론적으로 파악된 수동적인 성격이 아니라, 이른바 내발적 혹은 창의적인 성격을 띤다. 또한 영어의 'life'가 '생명'이라는 뜻과 함께 '생활'이라는 의미를 지니듯이, 그것은 원래 로

컬 커뮤니티나 자연에 뿌리를 내린 것이어야 한다. 이처럼 생명과 자연의 내발성이라는 주제와 로컬 수준에서 출발하는 지역의 '내발적 발전'이라는 과제는, 위상은 다르지만 깊은 차원에서 일맥상통한다고 볼 수 있다(이 화제에 관해서 쓰루미鶴見 · 나카무라中村(2013) 참조).

제3장 마지막에서 (그림 3-1에 입각하여) 시장경제의 영역을 밑바탕인 커뮤니티나 자연으로 '착륙'시키는 비전에 대해서 말했는데, 지금 논하고 있는 방향성은 그러한 이 책의 지금까지의 논의와 호응한다.

로컬리제이션 혹은 '지역으로의 착륙'

이상의 내용을 일본의 상황에 비추어 조금 더 구체적으로 확인해보자.

그림 8-1은 메이지 시대 이후 일본의 다양한 사회자본의 정비 상황을 나타낸 것이다. 철도나 도로 등의 사회자본이 서서히 보급되어 이윽고 성숙 단계에 달하는 'S자 커브'를 이룬다. 맨 처음 정비된 것은 '철도'였다. 당시는 '철은 곧 국가'라고 불리던 시대로, 공업화가 대대적으로 전개되었다. 도쿄 등 도시

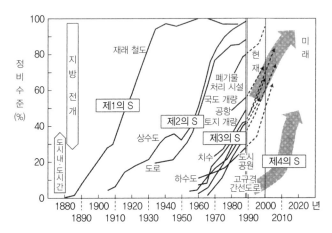

(주) 제1~제3의 'S자 커브'에 나타난 사회자본은, '내셔널' 레벨에서의 계획이나 정비를 중요시한 것이 많다. 한편 제4의 S가 있다고 한다면, 그것은 복지·환경·마을 조성·문화 관련 등, 오히려 '로컬' 레벨에 뿌리를 둔 정책 대응을 중시하게 될 것이다.

그림 8-1 사회 자본 정비의 S자 커브

(출처) 통산성·중기산업경제전망연구회 『창조적 혁신의 시대』 1993

부는 물론이고 지방에 이르기까지 철도가 부설되었다(='제1의 S').

이어지는 '제2의 S'를 대표하는 것은 제2차 세계대전 후의 고도성장기를 상징하는 '도로' 정비이다. 물론 이것은 자동차의 보급과 동시에 진행되었다. 또한 석유화학 등 관련 산업의 확대와도 맞물렸다. 그리고 고도성장기 후반에 '제3의 S'가 되자 색깔이 약간 달라진다. 이때는 폐기물 처리 시설, 도시공원, 하수도, 공항, 고속도로 등 다양한 것이 등장하는데, 이것들 또한 이미 성숙 단계에 달했다.

이 장의 논의와 관련하여 주목하고자 하는 것은 이상의 (세 가지 S자 커브로 나타나는) **공업화 시대 혹은 고속 성장기의 사회자본 정비는 모두 '내셔널' 공간과 관련한 것이며, 국가 레벨, 혹은 중앙 집약적 계획에 가장 어우러지기 쉬운 성격을 띤다는** 점이다.

간단히 말해 철도망의 부설이나 도로의 건설은 개개의 로컬 지역을 넘어서는 것으로, 한 지역 혹은 지자체에서 단독으로 계획하거나 정비할 수 없다. 앞에서 말했듯이 공업화(산업화) 시대에서 '경제의 공간적 유닛'은 내셔널 레벨에 친화적이다. 자연히 집권적인 플래닝이나 의사 결정이 중요해진다. 이것이 바로 공업화를 축으로 하는 '확대·성장' 시대에 도쿄를 중심으로 하는 계급 구조가 강화된 배경이다.

그러나 'S자 커브'라는 형태가 나타내듯이, 상기의 공업화 관련 사회자본 정비는 현재 이미 성숙·포화 상태에 달했다. 향후 크게 부상할 '제4의 S'가 있다면 ―정확히는 이상의 세 가지 S자 커브 후에, 1990년대부터 2000년대에 걸쳐 '정보화·금융화'의 파도가 존재했다. 이것은 '글로벌'한 성격을 지니는 것으로, 만약 이것을 '제4의 S'라고 부른다면 '제5의 S'가 되겠지만― 그것은 앞에서도 말한 것처럼 복지(케어 혹은 대인 서비스), 환경, 문화, 지역 활성화, 농업 등과 같은 '로컬'적 성격을 띠는 영역일 것이다.

바꿔 말하면 **경제 구조의 변화에 따라,** 이른바 문제 해결(솔루션)의 공간적 유닛 혹은 무대가 글로벌 영역으로 이행하고 있다. 이러한 점에서도 로컬리제이션(로컬화)이 필수 과제라 할 수 있다. 공업화나 정보화 · 금융화를 중심으로 하는 확대 · 성장의 시대가 '지역에서 이륙하는' 시기였다면, 현재 요구되는 것은 (커뮤니티나 자연을 포함한) '지역으로의 착륙'이다.

'커뮤니티 경제'의 중요성

'지역으로의 착륙'이 진행되고 '경제의 공간적 유닛'이 로컬로 이행하는 시대에서 중요한 경제의 모습은 지역에서 사람 · 물건 · 돈이 순환하고 그곳에서 고용과 커뮤니티적 연결고리가 생겨나는 것이다. 나는 이것을 **'커뮤니티 경제'**라고 부른다(히로이(2013)). 그것은 제3장의 마지막에서 말한 (자본주의 시스템에서는 '이륙'한) 시장경제의 영역을, 밑바탕에 있는 커뮤니티와 자연의 차원으로 연결 짓는 경제라는 주제와 일맥상통한다.

구체적인 이미지를 떠올릴 수 있도록 예를 들어보겠다. 내가 이해하는 한, 이러한 로컬 커뮤니티 경제가 비교적 제대로 기능하는 나라는 독일이나 덴마크 등이다. 참고로 두 나라는 자

사진 1 중심부에서 자동차가 완전히 배제된 '걸으며 즐기는 거리'(독일 : 에를랑겐[인구 약 10만 명])~거리의 활기와 활성화로 이어졌다.

사진 2 보행자 전용 공간에서 생겨나는 활기와 커뮤니티 감각(독일 : 바트라이헨할[인구 약 1만7000명])

연에너지 보급 면에서도 선도적이며, 잘 알려진 것처럼 독일은 2022년까지 탈脫 원전을 선언했고, 덴마크는 아예 원전을 보유하지 않았다.

사진 1은 독일 뉘른베르크 교외에 있는 에를랑겐이라는 지방 도시의 중심부 모습이다. 독일의 많은 도시가 그렇듯, 중심부에서 자동차를 완전히 배제하고 보행자만의 공간으로 만들어 사람들이 '걸으며 즐기는 거리'를 형성한 것이 인상적이다. 나아가 원만한 커뮤니티적 교류가 느껴지는 도시가 되었다. 더불어 인구 10만 명이라는 중간 규모의 도시임에도 중심부가 활기 넘치는 것이 인상 깊다. 그것은 에를랑겐뿐 아니라 독일의 모든 도시에 해당한다. 아쉽게도 '셔터 거리シャッター通り(다수의 상점이 폐쇄하여 셔터를 내린 퇴색한 상점가―역자 주)'라는 말이 드러내듯, 일본의 비슷한 규모의 지방 도시가 한산한 데다 공동화 현상이 두드러지는 것과는 차이를 보인다.

사진 2는 바이에른 주의 바트라이헨할이라는 온천 도시다(인구 1만7,000명). 1킬로미터 이상에 이르는 긴 상점가가 형성되어 고령자도 걸어서 즐길 수 있는 커뮤니티 공간이 마련되어 있다. 사진 3은 비교적 대도시의 예(스위스 취리히)다. 중심부에서 자동차가 배제되었을 뿐 아니라(대신 노면전차가 정비되었다), 앉아서 천천히 시간을 보낼 수 있는 장소가 거리 여기저기에 마련되어

사진 3 보행자 공간과 '앉을 수 있는 곳'의 존재(스위스 : 취리히[인구 약 40만 명])

있는 모습이다. 이전 저서에도 썼지만, 일본을 방문한 외국인
의 설문조사에서 '일본에 와서 불편을 느낀 것' 중 1위가 '거리
에 앉을 곳이 적다'였다는 결과를 보고 다소 놀랐지만 이내 고
개를 끄덕인 경험이 있다.

아마도 일본에서는 충분히 논의되지 않는 것 같지만, 이러한
점은 대개 미국이나 유럽 도시에서 큰 차이를 보인다.

앞에서도 언급했듯이, 나는 미국에서 3년 정도 살았는데(주
로 동부 해안의 보스턴), 미국의 도시는 거리가 완전히 자동차 중심
으로 형성되어 있어서 걸으며 즐기는 공간이나 상점가가 드물

다. 심지어 큰 빈부 격차로 인해 치안이 좋지 않아서 중심부에는 황폐한 지역이 많다—창문이 깨진 채 방치되거나, 쓰레기가 널려 있는 등—. 또한 잠시 휴식을 취할 장소 즉 '서드 플레이스third place'가 적어서 거리의 '즐거움'과 '여유로운 안정감'이 크게 부족하다고 느꼈다.

유럽의 거리는 앞서 소개한 바와 같이 미국과는 크게 다르다. 중심부에서 자동차를 배제하여 거리가 보행자 중심이다. 이것은 1970년대 전후부터 그러한 정책을 의식적으로 펼쳐온 결과이기도 하다. 전후 일본은 도로 정비나 유통업을 포함하여 도시나 지역을 계획할 때 전적으로 미국을 모델로 삼았다. 따라서 아쉽게도 미국과 마찬가지로 거리가 완전히 자동차 중심인 데다 중심부 공동화 현상을 보인다.

핵심은 지금 말한 ①지역 활성화 혹은 지역 공간 구조의 모습(자동차 규제나 교외의 대형 점포 등의 규제를 포함하여)과, ②경제의 지역 내 순환, 즉 여기에서 말하는 '커뮤니티 경제'가 될 것이다.

경제의 지역 내 순환

②경제의 지역 내 순환, 즉 사람·물건·돈이 지역 안에서 원

활히 순환하는 경제에 관련해서는, 이전 졸저에서도 언급했지만, 『작은 것이 아름답다Small is beautiful』로 유명한 경제학자 에른스트 슈마허Ernst Schumacher의 흐름을 잇는 영국의 NEF New Economics Foundation가 '지역 내 승수효과local multiplier effect'라는 흥미로운 개념을 제창했다.

이것은 경제를 오직 국가(내셔널) 레벨로 생각한 케인스 정책적인 발상에 대한 비판 혹은 반성에서 비롯된 제안이다. '지역 재생 혹은 지역 경제 활성화=그 지역에서 자금이 많이 순환되는 것'로 받아들여, ①'관개irrigation(자금이 해당지역의 구석구석까지 순환함에 따른 경제효과가 발휘되는 것)'나 ②'새는 곳 막기plugging the leaks(자금이 밖으로 나가지 않고 내부에서 순환함으로써 그 기능이 충분히 발휘되는 것)' 등의 독자적 콘셉트를 도입하여, 지역 내부에서 순환하는 경제의 이상적인 모습이나 그 지표를 제안한다(New Economics Foundation(2002)).

개인적으로는 이러한 커뮤니티 경제의 예로서 (a)복지 상점가 혹은 커뮤니티 상점가(앞서 독일 등의 예), (b)자연에너지 · 환경 관련(나중에 소개할 '진주노모리鎮守の森(수호신을 모신 사당 경내의 숲-역자 주) · 자연에너지 커뮤니티 구상'을 포함), (c)농업 관련, (d)지방 산업 혹은 전통 공예 관련, (e)복지 혹은 '케어' 관련 등 다양한 것을 생각할 수 있다. 이들 중 지역 내 경제 순환이 가장 명확하고도 쉽게 드

러나는 분야는 나중에 언급할 자연에너지 분야다.

한편 (e)복지 혹은 '케어'에 관련한 최근의 흥미로운 사례 중 하나로, 지바千葉 현 가토리香取 시의 '사랑하는 돼지 연구소'를 소개하고자 한다.

'사랑하는 돼지 연구소'에서는 양돈장에서 돼지를 사육하고, 가공, 유통, 판매 등도 한꺼번에 시행하고 있다. 또한, 가공 등의 작업을 지적 장애인이 도맡아 하는 복지 기능을 겸비한 사업을 시행함으로써 '복지(케어)와 농업과 예술'을 접목한 것이다. '예술' 면에서는 유통이나 판매 시 예술가들을 적극적으로 참여케 하여, 디자인이 좋고 부가가치가 높은 상품을 만들기 위해 노력하고 있다. 그러나 생산 과정의 복지적 성격은 상품의 유통이나 판매 시에는 전면에 내세우지 않고 철저히 상품의 맛과 질로 승부한다.

흥미로운 점은 이 사업을 활발히 추진하는 이다 다이스케飯田大輔(36세) 씨가 이 사업 전체를 '케어의 6차 산업화'라는 콘셉트로 파악하고 있다는 점이다. 농업의 6차 산업화는 요즘 자주 들리는 말이지만, '사랑하는 돼지 연구소'는 '케어'를 축으로 하여, 생산·가공·유통·판매를 연결하여 사업화하고 있다. 나아가 양돈뿐 아니라 햄을 만들 때 사용하는 소금도 지역 생산품을 고집하고 있어서(참고로 지바 현은 돼지 사양飼養 수 일본 전국 3위), 경

제의 지역 내 순환을 의식한 비즈니스라 할 수 있다.

위 사례는 일례에 지나지 않지만, 산업 구조가 크게 변화하는 가운데 다양한 사업을 새로운 형태와 연결 지어서 로컬 경제 순환을 실현하려는 시도가 앞으로는 더욱 중요해질 것이다.

(＊)젊은 세대의 로컬 지향　　이전 졸저에서도 논의한 내용인데, 최근 연구실 학생 등 젊은 세대를 보면 '지역재생'이나 '로컬'적인 것에 대한 관심이 확실히 강해지고 있다는 것을 느낀다. 이러한 경향은 앞서 소개한 경제 사회의 구조 변화를 반영한 것이리라.

세미나를 시작할 때 학생이 가령 '자신이 태어난 지역을 세계에서 가장 살기 좋은 지역으로 만들고 싶다'와 같은 말을 하게 된 것은 불과 최근 5, 6년의 일이다(내가 깨달은 것이 늦었을지도 모르지만). 최근 가장 인상적인 예는, 원래 글로벌 문제에 관심이 있어서 1년 예정으로 스웨덴으로 유학을 갔다가 자신은 역시 고향의 활성화에 힘쓰고 싶다는 이유로, 유학 간 지 반년 만에 귀국한 여학생이다. 그녀의 출신지는 이바라키茨城현 이시오카石岡인데, 간토関東 3대 축제 중 하나인 '이시오카노오마쓰리石岡のおまつり'로 유명하다. 그 학생은 고향의 전통 행사에 큰 애착이 있다.

그렇다면 왜 이렇게 젊은 세대의 '로컬 지향'이 고조되는 것일까. 앞서 말한 '경제의 공간적 유닛'의 변화와도 관련이 있는데, 이와 함께 근본적인 배경은 다음과 같다.

즉 고도 성장기를 중심으로 '확대·성장' 시대에서는 공업화

를 중심으로 세상이 하나의 방향으로 나아갔다. 그 결과 단선적인 시간 축에 따라 지역이 '발전된 곳—뒤처진 곳'으로 나뉜다(도쿄는 발전되었고, 지방은 뒤처졌다 등).

그러나 현재처럼 일정한 물질적 풍요가 달성된 '포스트 성장' 시대에는 애초에 그러한 시간 축이 배경으로 물러나고, 반대로 각 지역이 지니는 독자적인 개성이나 풍토적·문화적 다양성에 사람들의 관심이 쏠리게 된다. 단순하게 말하면 포스트 성장 혹은 정체형 사회에서는 시간 축보다 '공간 축'이 전면에 나오게 된다는 것이다. 이는 앞서 말한 '지역으로의 착륙'과도 겹쳐진다.

나아가 나중에도 다룰 도시와 농촌의 비대칭성과도 관련되는데, 이처럼 젊은 세대의 로컬 지향이 고조된다고는 하나 실제로는 지방으로의 U턴, I턴에는 다양한 장애물이 존재한다. 따라서 그에 대한 정책적 지원이 매우 중요하다. 이것은 앞 장에서 말한 사회보장 등의 세대 간 분배 문제와도 관련이 있다. 앞에서도 지적한 바와 같이 가령 보수 비례 연금에 대한 과세를 강화하고 그 세수를 활용하여 청년들에게 지방 일자리를 제공하거나 생활을 지원하는 등의 정책—현행의 '지역 살리기/활성화 협력대'의 대폭 확충 등을 포함—이 검토되어야 할 것이다(별로 지적되지는 않았으나, 이러한 정책은 향후 수도권의 고령화가 급속도로 추진되는 상황에서 연금 자금이 도쿄에만 집중하는 것을 막는 의미도 지닌다).

복지 도시——노화나 죽음을 포함한 지역 커뮤니티

커뮤니티에서의 경제 순환과 함께 또 하나 중요한 것이 지역 활성화 혹은 도시나 마을, 취락의 공간적 모습이다. 성숙 사회 혹은 인구 감소 사회의 도시로서 가장 적합한 구상은 '복지 도시'다(히로이(2011) 참조).

'복지 도시'란 그리 어려운 개념이 아니다. 핵심은 두 가지다. 첫 번째로 앞서 독일 등의 사례처럼 중심부에서 과감히 자동차 교통을 배제하고, 상점가 등 보행자가 '걸으며 즐기는' 공간으로 만드는 것—전국에 약 600만 명으로 추산되는 '쇼핑 난민'의 감소로도 이어질 것이다—, 두 번째로 가능한 한 중심부에 케어를 포함한 주택이나 청년·육아 중인 세대를 위한 공공주택, 보육원 등을 유도하여 세대 간 교류나 커뮤니티의 시점을 포함한 넓은 의미의 복지적 기능을 충실히 하는 것이다.

이상의 내용을 계속 생각하다 보니, 얼마 전 바로 그런 이미지를 그림으로 구체화한 작품을 만났다. 바로 미야자키 하야오宮崎駿와 요로 다케시養老孟司의 대담집『곤충의 눈과 애니메이션의 눈虫眼とアニ眼』인데, 처음 20페이지에 걸쳐 미야자키 하야오가 이상으로 여기는 마을의 그림이 펼쳐져 있다. 그림에는 '보육원과 호스피스와 신사가 마을의 가장 좋은 자리에' 있어

야 한다는 내용이었다(여기에서 '호스피스'는 좁은 의미인 종말기 케어의 장소라기보다는 넓은 의미에서 돌봄이나 수발의 장을 가리킨다). '복지 도시'의 이미지 그 자체다.

심지어 여기에서 그려진 모습은 좁은 의미의 복지 도시를 뛰어넘는 것이다. 그것은 '호스피스'나 '신사'에 나타나 있듯이 노화나 죽음(혹은 죽은 자) 혹은 '세대 간 계승성'이라는 내용을 포함한 도시 및 지역의 모습이다. 무릇 지역이나 커뮤니티란 본디 그러한 요소를 포함하는 것이 아닐까.

'신사'라는 말이 나왔으니 이것과 관련하여 나 자신이 지난 수년간 추진하고 있는 '진주노모리 · 자연에너지 커뮤니티 구상'에 대해 간략히 소개하고자 한다.

자연에너지와 진주노모리
──커뮤니티로 순환하는 경제로

현재 원전이나 향후의 에너지 정책을 둘러싼 전개는 더욱 혼미한 양상을 띠고 있지만, 다음과 같은 흥미로운 사실도 있다. 일본 전체에서 에너지 자급률은 4%대에 그치고 있지만, 광역 자치단체인 도도부현都道府県 별로 보면 10%를 넘는 지역이 열네 곳 있다. 베스트 5는 ①오이타大分 현(26.9%), ②아키타秋田 현(19.7%), ③도야마富山 현(17.6%), ④나가노長野 현(15.4%), ⑤가고시마鹿兒島 현(14.7%)이다(2014).

이것은 환경정책 전문가인 구라사카 히데후미倉阪秀史 지바대학 교수가 추진하는 '영속지대永続地帯' 연구 조사 결과이며, 오이타 현이 독보적으로 높은 이유는, 벳푸別府 온천이라는 입지 환경에서도 알 수 있듯이 지열 발전이 활발하기 때문이다. 도야마 현이나 나가노 현 등은 산으로 둘러싸인 환경을 활용하여 수력발전이 활발하므로 에너지 자급률이 높다. 사람들은 그저 일본이 '자연자원이 부족하다'고만 생각하는데, 의외로 자연에너지에 관해서는 어느 정도 잠재력을 품고 있는 것이다.

참고로 독일에서는 에너지의 지역 자급을 목표로 하는 '자연에너지 100%지역' 프로젝트가 추진되고 있다. 2012년 기준으

로 자연에너지 100% 달성 지역은 일흔네 곳이다. 이것은 독일 면적 전체의 28.6%, 인구로는 2,000만 명(24.2%)에 달하며, 더욱 급속히 확대 중이다(환경에너지 정책 연구소 자료).

그런데 자연에너지 거점의 정비라는 주제는 좁은 의미의 에너지 정책이라는 틀을 넘어서, 로컬 지역 커뮤니티의 재생이라는 시각이 필수적이다. 즉 앞서 소개한 '커뮤니티 경제'와 꼭 합치되는데, 자연에너지를 축으로 사람·물건·돈이 지역 내에서 순환하여, 그곳에서 고용과 커뮤니티적 유대가 생겨나는 시스템을 구축해야 한다. 이러한 시점을 고려하여 내가 생각하게 된 것이 '진주노모리·자연에너지 커뮤니티 구상'이다.

처음에 알았을 때 놀란 것인데, 일본 전국에 있는 신사의 수는 약 8만 수천 개(절도 거의 같은 수)에 달한다. 이것은 약 5만 점포인 편의점보다 훨씬 많은 숫자이며, 또 중학교가 1만 개라는 사실을 고려하면 중학교 한 곳당 신사는 평균 8개라는 엄청난 계산이 나온다. 메이지 시대 초기에 신사의 수는 20만 개에 달했는데, 아마도 이것은 당시의 '시젠무라自然村', 즉 지역 커뮤니티 수에 거의 대응했을 것으로 보인다. 이들 장소는 좁은 의미의 종교 시설을 뛰어넘어 '장'이나 '축제(마쓰리)'가 열리는 등 로컬 지역 커뮤니티의 중심 역할을 담당했다.

이러한 점을 바탕으로 자연에너지 거점의 자율 분산적 정비

와 본래 지역 커뮤니티의 거점이었던 '진주노모리'를 연계하여, 복지나 세대 간 교류 등도 종합하여 추진하자는 것이 '진주노모리 · 자연에너지 커뮤니티 구상'의 기본적인 생각이다.

여기에 일본이 세계를 향해 당당히 내밀 비전이 숨어 있다. 자연 신앙과 커뮤니티가 하나가 된 전통문화, 그리고 현대적 과제를 융합시킨 자연에너지를 통한 에너지 자치가 바로 그것이다.

허무맹랑하게 들릴지도 모르지만, 이미 이러한 시도를 추진한 곳이 있다. 가령 기후岐阜 현과 후쿠이福井 현의 경계에 있는 이토시로石徹白 지구라는 장소에서, 젊은 세대를 중심으로 지역 재생 기구이라는 NPO가 소수력 발전을 통한 지역 재생 사업을 추진하고 있다. 이곳은 과거 하쿠산白山 신앙의 거점으로 번영한 장소이기도 하다(사진 4).

이전 저서(히로이(2013))에도 소개한 바 있지만, 처음 연락을 취했을 때 지역 재생 기구의 부이사장인 히라노 아키히데平野彰英 씨(도쿄의 외자계 컨설팅 회사에서 근무한 후 고향인 기후로 U턴)로부터 받은 메시지는 매우 인상 깊었다. 히라노 씨는 "이토시로 지구는 하쿠산 신앙의 거점이 되는 마을이기 때문에 소수력발전을 보러 오신 분께는 반드시 신사에 참배할 것을 권하고 있습니다. …… 자연에너지는 자연의 힘을 빌려서 에너지를 만든다는 생각이

며,……지역에서 자연에너지를 위해 힘쓰는 것은 지역의 자치와 커뮤니티의 힘을 되돌리는 것이라고 우리는 생각합니다"라고 썼다.

이러한 예도 참고하면서 나는 미약하나마 현재, 기후, 구마모토熊本, 나가노, 미야자키宮崎 등의 지역 분들이나 관련 기관과 연계하면서 '진주노모리 · 자연에너지 커뮤니티 구상' 프로젝트를 추진하고 있다.

물론 지역 커뮤니티의 거점이 되는 장소는 '진주노모리'만이 아니다. 2007년에 전국 지자체에 대해 내가 시행한 설문조사

사진 4 기후 현 이토시로지구(구조郡上 시 시라토리白鳥 마을)를 멀리서 바라본 모습

에서는 '미래 시대 커뮤니티의 중심으로서 특히 중요한 장소'
로서 든 장소는 많은 순으로 ①학교, ②복지·의료 관련 시설,
③자연 관련(공원 등), ④상점가, ⑤신사·절이었다(히로이(2009b) 참
조). 이러한 장소를 자연에너지 등과 잘 연계하여 커뮤니티에서
순환하는 경제를 구축하는 것이 포스트 성장 시대 일본의 핵심
과제라 할 수 있다.

　나아가 이때 경제 시스템 전체의 이상적 모습으로는 다음과
같은 '로컬에서 글로벌을 향한 전체 구조'를 구상하여 실현해
가야 한다. 즉

　　(1) 물질적 생산, 특히 식량 생산 및 케어(대인서비스)는 가
능한 한 로컬 지역 단위로―로컬~내셔널
　　(2) 공업 제품이나 에너지에 관해서는 더욱 광범위 지역
단위로―내셔널~리저널(다만 자연에너지는 가능한 한 로컬로)
　　(3) 정보의 생산, 소비 및 유통에 대해서는 가장 광범위
한 단위로―글로벌
　　(4) 시간의 소비(커뮤니티나 자연 등에 관한 지향 및 시장경제를 뛰어넘는
영역)는 로컬로

라는 방향이다(히로이(2009a, b 참조). 이것은 이 책에서 말해온 '물

질의 소비→에너지의 소비→정보의 소비→시간의 소비'라는
경제 구조 및 과학의 기본 콘셉트의 진화와도 대응한다.

지역의 '자립'이란
──부등가교환과 도시 · 농촌의 '지속 가능한 상호 의존'

이상과 같은 커뮤니티 경제 혹은 '경제의 지역 내 순환'이라
는 주제를 생각할 때, 또 하나 잊어서는 안 되는 것이 있다. 그
것은 '지역의 자립'이란 대체 무엇인가 하는 주제다.

통상적으로 지역의 자립이라는 말은 경제적 혹은 재정적 의
미로 사용된다. 가령 재정이 파탄한 유바리夕張는 자립하지 못했
고, 경제적으로 풍요로운 도쿄는 가장 '자립'한 듯 이야기한다.

과연 정말 그럴까. 환경 정책 등의 분야에는 '물질 흐름
material flow'이라는 용어가 있는데, 식량이나 에너지의 물질 순
환을 나타낸다. 그러한 시점에서 보면 오히려 '자립'한 곳은 지
방이나 농촌 지역이며, 반대로 도쿄와 같은 대도시는 이들 지
역(혹은 해외)에 식량이나 에너지를 대폭 '의존'해야만 비로소 성
립한다.

후쿠시마福島나 니가타新潟 등 수도권에서 멀리 떨어진 장소

에 도쿄 전력 원전이 입지한다는 사실이 그 대표적 예다. 동일본 대지진이 일깨워준 것은 고도성장기 이후의 일본이 잊고 지낸 '도시─농촌'의 관계성이었다. 심지어 여기에서 중요한 것은 도쿄와 같은 대도시권은 식량이나 에너지를 상당히 싼 가격으로 지방이나 농촌에서 조달하고 있으며, 여기에는 일종의 '부등가교환' 메커니즘이 작용하고 있다는 점이다. 이것은 선진국과 개발도상국의 관계와 구조적으로 같다─왜 그러한 '부등가 교환'이 생겨났느냐에 관해서는 '시간'이라는 주제를 따라 종장에서 고찰해보자─. 따라서 2012년에 시작된 신재생에너지 고정가 매입 제도나 다양한 농업 지원, 지역의 청년 지원과 같은 '재분배' 제도를 도입해야 비로소 도시와 농촌은 '지속 가능한 상호의존' 관계를 실현할 수 있는 것이다.

녹색 복지국가 혹은 지속 가능한 복지사회

정리해보자. 제3부 전체의 논의를 살펴보면, 현재의 자본주의가 다양한 수준의 격차 확대와 과잉이라는 구조적 문제를 안고 있다는 인식에서 출발하여 그것에 대한 대응으로서,

(1) 과잉의 억제——시간 정책이나 '생산성' 개념의 전환

(2) 재분배의 강화 · 재편—자본주의 시스템의 가장 근간으로 거슬러간 사회화('인생 전반기 사회보장'이나 '저량의 재분배')

(3) 커뮤니티 경제의 전개—시장경제를 그 토대인 커뮤니티나 자연으로 착륙시키는 것

등 세 가지 방향에 대해 고찰해왔다.

형식적으로 말하면 (1)은 '부의 총량(혹은 규모)', (2)는 '부의 분배', (3)은 '부'라는 말이 일반적으로 포함하는, 시장경제의 사정거리에서 파생하는 위상(=커뮤니티와 자연)을 포함한 차원이라 할 수 있다.

그리고 (1)~(3)의 방향을 포함한 전체를 여기에서는 '**녹색 복지국가**' 혹은 '**지속 가능한 복지사회**'라는 사회 구상으로서 제시하려 한다.

이 책 제1부에서 언급한 것처럼, 원래 '복지국가'의 이념에는 자본주의와 사회주의의 '중간에 난 길'이라는 측면이 있다. 심지어 그것은 ('케인스주의적 복지국가'라는 표현에도 나타나 있듯이) '성장 · 확대'에 대한 지향을 강하게 내포하고 있다.

그러나 포스트 성장 시대를 맞이하여, 무한한 확대 · 성장을 전제로 하지 않는 복지국가가 요구되었다. 그것은 '생태학과

관련된 복지국가' 혹은 '탈 성장 복지국가'라 할 수 있다. 심지어 앞서 말한 바와 같이 복지국가 자체가 이미 자본주의와 사회주의의 일종의 결합 형태이므로, 그것은 전체적으로 '자본주의 · 사회주의 · 생태학의 교차'로 파악할 수 있다

이것은 나 자신이 지금껏 '**정체화 사회**' 혹은 '**지속 가능한 복지사회**sustainable welfare society=개인의 생활보장이나 분배의 공정성이 실현되고, 동시에 그것이 자원 · 환경 제약과도 양립하며 장기적으로 존속할 수 있는 사회'라고 불러온 사회상과 실질적으로 동일하다. 그중에서도 특히 (3)의 내용(커뮤니티 경제)에 주목하는 정도가 커졌다고 할 수 있다.

이 점이 왜 중요한가 하면, 자본주의적인 '확대 · 성장'이 아니라 '(지역 내) 순환'에 중점을 둔 커뮤니티 경제가 발전하면, 자연히 (1)'과잉의 억제'로도 이어져서, 그곳에서 다양한 고용과 커뮤니티적 연계가 발생하기 때문이다. 그것은 격차의 축소(혹은 실업의 감소와 사회적 배제의 시정)에도 어느 정도 기여하여 결과적으로 (2)재분배의 전제 조건을 완화시키기 때문이다.

그러한 '녹색 복지국가/지속 가능한 복지사회'의 기본적인 특징을 다시금 기술하자면, 지금껏 말한 바와 같이 그것은 로컬 경제 순환에서 출발하여, 지역 간 재분배(도시—농촌 간의 불균형 시정을 포함하여) 시스템을 중층적으로 편입하며 내셔널, 글로벌로

점차 쌓아 올리는 사회다. 동시에 그곳에서는 노동시간의 단축과 '시간 정책'이 도입되고, 더불어 '인생 전반기 사회보장'이나 '저량의 재분배'를 포함한 다양한 사회보장과 재분배 시스템이 도입된다. 그리고 그것을 통해 과잉의 억제 및 개인의 생활보장 혹은 분배의 공정을 꾀한다.

'녹색 복지국가 지표'——환경과 복지의 통합

이렇게 말하면 그것은 일종의 이상론이자 추상적인 이념처럼 들릴지도 모른다. 그러나 내가 인식하기로는, 앞서 커뮤니티 경제 부분에서 약간 언급한 것처럼, 독일이나 덴마크 같은 나라는 적어도 부분적으로는 그것과 꽤 가까운 모습을 이미 실현했다.

그러한 전체적 이미지를 제시한 것이 표 8-2인데, 이것은 더욱 개별적인 사회 지표나 정책에 근거하여 검증하고 고찰할 필요가 있다. 여기에서는 '복지'와 '환경'이라는 두 시점이 중요하며, '복지'에 관해서는 지니계수 등 격차 관련 지표나 (사회적 자본 등) 커뮤니티 관련 지표 혹은 노동 관련 지표, '환경'에 관해서는 식량 · 에너지 등의 자급률과 생태 발자국, 이산화탄소

표 8-2 '녹색 복지국가/지속 가능한 복지사회'의 기본적 특징

· 환경보전 혹은 탈 성장적 지향을 지닌 복지국가
· 로컬 레벨의 경제순환(자연에너지 등)에서 출발~내셔널·글로벌 레벨로 쌓아 올리는 것과 재분배
· 자본주의 시스템의 근간으로 거슬러간 사회화

【개괄적인 국제비교】

1) 녹색 복지국가 A : 독일, 덴마크(네덜란드)……분권적 혹은 탈 생산주의적
2) 녹색 복지국가 B : 스웨덴(핀란드)……'환경 근대화적ecological modernization'
3) 통상적인 복지국가 : 프랑스
4) 비환경지향·비복지국가 : 미국(일본)

(주) '환경 근대화'란 환경보전을 추진하면서 경제성장을 최대한 꾀하여 둘 모두를 양립시키려는 사고를 가리킨다.

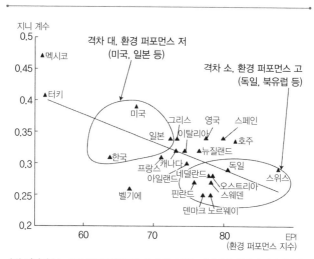

(주) 지니계수는 주로 2011년(OECD 데이터). EPI는 예일대학 환경법 정책센터의 환경 종합 지수

그림 8-2 '녹색 복지국가' 지표 : 환경과 복지의 통합

배출이나 휘발유 소비 등의 지표를 들 수 있으며, 이것들을 종합적으로 바라보는 것이 중요하다.

그림 8-2는 그야말로 그러한 관심에서 작성한 것으로 '녹색 복지국가 지표(혹은 지속 가능한 복지사회 지표, 환경 복지 지표)'라 할 수 있는 시도다. 그림의 세로축은 지니계수로, 격차의 정도를 나타낸다(위에 있을수록 수치가 높고 격차가 크다). 한편 그림의 가로축은 환경 성과에 관한 지표로, 여기에서는 예일대학에서 개발한 '환경성과 지수Environmental Performance Index'라는 종합지수를 사용했다(환경오염, 이산화탄소 배출, 생태계 보전 등에 관한 지표를 종합한 것). 그리고 축의 오른편에 있을수록 환경성과가 높다.

이처럼 **통상적으로는 함께 논의되는 일이 적은 '복지'와 '환경'을 종합적으로 받아들일 때, 흥미롭게도 둘 사이에는 일정한 상관이 있다는 것**을 그림을 보고 파악할 수 있다.

즉 그림 왼쪽 위에는 멕시코, 터키, 미국, 한국, 일본 등이 존재하며, 이들은 대체로 격차가 크고 또한 환경적 성과가 양호하지 않은 나라다.

한편 오른쪽 아래 그룹은 격차가 상대적으로 적고 또한 환경 성과가 양호한 나라인데, 스위스나 독일, 북유럽 등의 국가가 여기에 해당한다. 그야말로 여기에서 논하고 있는 '녹색 복지국가' 혹은 '지속 가능한 복지사회'의 모습에 가까운 나라라고

할 수 있다(조금 더 자세히 말하면, 이들 나라 중 이른바 북유럽 국가는 '복지' 성과가

높으며, 독일 등은 '환경' 성과가 높은 경향을 띠는데, 이것은 내 실감과도 들어맞는다).

　그렇다면 왜 이처럼 '복지'(여기에서는 격차의 정도)와 '환경'의 모습

이 상관관계를 이루는 것일까.

　이것은 기존에 그다지 논의된 적이 없는, 그 자체로 흥미로

운 주제다. 여기에는 아마도 다음과 같은 메커니즘이 작용하

는 것은 아닐까. 즉 격차가 상대적으로 큰 나라 혹은 사회에서

는 그 정도가 클수록 ①(속칭 '루저loser'가 되었을 때 겪어야 할 곤궁의 정도가

크기 때문에) 자연히 '경쟁 (혹은 상승) 압력'이 높아지고, ②심지어 격

차가 크다는 것은 '재분배'(에 의한 평등화)에 대한 사회적 합의가

낮다는 뜻이다. 따라서 ①과 ②를 종합해보면, 자연히 '파이의

확대=경제성장에 의한 해결'이라는 지향이 강해져서, 환경에

대한 배려나 지속 가능성과 같은 정책 과제의 우선도는 상대적

으로 낮아진다.

　반대로 일정 이상의 평등이 실현된 사회에서는 경쟁(상승) 압

력은 상대적으로 약하며, 또한 재분배에 대한 사회적 합의도

어느 정도 존재하기 때문에 '경제성장' 즉 파이 전체를 확대해

야만 풍요로워진다는 발상 혹은 '압력'은 상대적으로 약하다.

　그것은 (가족이나 집단을 넘어선) '나눔'에 대한 합의가 되어 있다는

것이기도 하다. 즉 이들 '복지/환경' 관련 지표나 사회상의 배

경에는 그러한 **인간과 인간의 관계성**(나아가 인간과 자연의 관계성)**의 이상적인 모습**이 작용하고 있다.

동시에 그곳에는 **애당초 자신들이 '어떠한 사회'를 만들어 갈 것이냐**(가야 하느냐)**는 점에 대한 비전이 공유**되어 있다. 나중에 말하겠지만, 현재 일본의 경우 그러한 '실현해야 할 사회'나 '풍요로움'의 모습이 보이지 않고, 정치 혹은 정당도 그러한 모습을 드러내지 못하기 때문에 사람들이 갈팡질팡하는 것이 아닐까.

어느 쪽이든 여기에서 논하는 '녹색 복지국가/지속 가능한 복지사회'는 단순히 추상적인 이념에 그치지 않고, 데이터로 제시할 수 있는 구체적인 사회의 모습이나 정책과 깊게 연관되어 있다. 심지어 그것은 양적 혹은 거시적인 차원에 그치지 않고, 가령 그림 8-2의 그래프에 나타난 각국의 위치는 내가 이들 국가에서 받은 인상이나 앞서 지역 활성화 사진 등을 볼 때 말한 사람들의 표정 혹은 '거리의 분위기'와도 꽤 일치한다.

일본의 위치와 현재

이상의 데이터와도 이어지지만, 앞서 표 8-2에서도 일본은 괄호 안에 들어 있기는 하지만 미국과 마찬가지로 '비환경 지향·비복지국가'로 분류된다.

제6장에서 살펴본 것처럼 선진국 중에서도 일본은 아쉽게도 이미 경제 격차가 큰 축에 속한다. 노동 시간이 길고 과로사가 발생하며, '사회적 고립도(가족과 집단을 넘어선 사람과의 유대가 적음)'도 선진국 중에서 가장 높다(세계 가치관 조사의 국가 비교). 더욱이 연간 자살자가 약 2만5,000명이며(2014), '인생 전반기 사회보장'도 불충분하다. 한편, (조세 부담에 대한 사람들의 저항이 큰 것도 원인으로 작용하여) 국가 부채는 1,000조 엔이 넘는다. 이것은 선진국 중에서는 꽤 눈에 띄는 규모다. 일본이 이러한 부정적 요소를 줄줄이 끌어안고 있다는 점을 부정하기는 힘들다.

이러한 현상의 근본적인 배경으로서, 일본에서는 (공업화를 통한) 고도 성장기의 '성공 체험'이 선명하기에 **경제성장이 모든 문제를 해결해준다**'는 발상에서(단카이세대團塊世代(1947년에서 1949년 사이에 태어난 일본의 베이비 붐 세대-역자 주) 등을 중심으로) 빠져나가지 못하고 있다는 점을 들 수 있다. 또한 사람과 사람의 관계성이나 노동의 이상적인 모습, 도쿄—지방의 관계, 조세나 공공성에 대한

인식, 나아가 국제 관계('미국—일본—아시아'라는 서열 의식 등) 등, 다양한 면에서 구형 모델과 낡은 세계관을 버리지 못하는 점도 무시할 수 없다.

'아베노믹스'는 그러한 잔재의 (어떤 의미에서는 마지막) 상징이 아닐까.

그러나 한편으로, 앞서 말한 젊은 세대의 로컬 지향과도 연관되는데, 일본 각 지역에서의 지역 재생과 새로운 유대를 향한 움직임이 '백화난만百花爛漫(온갖 꽃이 활짝 펴 아름답고 흐드러짐-역자 주)'처럼 생성하고 있는 것도 확실한 사실이다.

때마침 일본은 2009년부터 인구 감소사회로 접어들었다. 이것은 메이지유신 이후 백수십 년 이어진 '확대·성장'의 방향과는 반대 방향을 향한 전개의 시작이기도 하다.

그것은 사람들이 '확대·성장'이라는 일원적인 잣대나 '의무로서의 상승'에서 해방되는 새로운 창조의 시대임과 동시에, 수많은 어려움을 동반하는 과정이기도 하다. 그러나 이 장에서 논의해온 '녹색 복지국가/지속 가능한 복지사회'는 그러한 '인구 감소 사회의 선두주자'인 일본 사회가 진정한 풍요로움의 형태로서 실현해가야 할 사회상이기도 하다.

종장

지구 윤리의 가능성

―포스트 자본주의의 과학과 가치―

긴 시간과 로컬리티
——지진 예지와 지역의 신사

동일본 대지진 당시 쓰나미가 도달한 경계선상에 수많은 신사가 있었다. 이것은 2011년 8월에 방영된 TBS의 「보도특집」에서도 다뤄졌고 그 외 다양한 채널을 통해 언급되었으므로 들어본 적이 있는 사람도 많을 것이다.

해당 방송 취재에 관여했으며, 원래 대학원에서 해양 환경을 연구하여 나중에 공저로 『신사는 경고한다神社は警告する』라는 책을 쓴 구마가이 와타루熊谷航는 후쿠시마 현 미나미소마南相馬 시에서 신치新地 마을까지 쓰나미의 영향을 받은 해안 쪽에 있는 신사 여든네 곳을 방문하여 피해 상황을 확인했다. 이들 여든네 곳의 신사는 '손샤村社'라고 불리는, 지역 사람들에 의해 받들어지고 운영되어온 작은 사당이었다. 이 중 열일곱 곳이 쓰나미에 쓸려가거나 파괴되었고 나머지 예순일곱 곳은 모두 무사하다는 사실이 밝혀졌다.

또한 오래된 신사일수록 쓰나미의 피해를 빗겨간 곳이 많았다. 『엔기시키延喜式』라고 불리는 문서(927)에 기재되어 있는 신사를 '시키나이샤式内社'라고 부르는데, 후쿠시마, 미야기, 이와테岩手의 시키나이샤 백 곳 중 전괴·반파한 곳은 세 곳뿐이었

다. 헤이안平安 시대(794~1185)에 이른바 조간貞観 대지진이 몰고 온 쓰나미가 그 시대의 신사 입지에 영향을 주었다고 보는 시각은 합리적이라 생각한다(다카세高世 외(2012)).

신사의 입지와 쓰나미의 침수 지역이 꽤 겹친다는 점이나 그 배경에 대해서는 더욱 깊이 있는 검증이 필요하지만, 이들 신사에 관하여, 당시 사람들이 '쓰나미는 실제로 여기까지 밀려올 염려가 있으므로 무슨 일이 있을 때는 이곳으로 피난하라' 혹은 '이곳보다 동쪽은 위험하다'는 메시지를 후대 사람들에게 전하기 위해 지었다는 사실은 충분히 가능성이 있어 보인다.

따라서 약간 과장해서 말하자면 지진 연구 등 현대 과학이 실시하는 지진 예측이나 경고를 따르기보다는 '무슨 일이 있으면 가능한 한 가까운 신사나 절로 가라'는 예로부터 전해오는 소박한 가르침을 준수했다면 쓰나미 피해는 적었을 가능성도 있다고 볼 수 있다.

참고로 앞서 말한 구마가이는 마무리 글에서 다음과 같이 말했다. "보도 등에서도 주지하듯이, 이러한 규모의 쓰나미 재해는 수백, 수천 년 주기로 일어나는 것이 과학 연구를 통해 밝혀져 있다. 그렇다면 천 년 후까지 전해질 수 있는 방재란 무엇일까? 이번 쓰나미 피해를 거쳐 방재 체제와 방재 교육이 재정비되고 있지만, 과연 그것은 천 년 후의 사회에까지 전달될

수 있을까. 우리 주변을 한번 살펴보자. 천 년 전부터 이어져
온 것을 발견하기란 쉽지 않다.", "이번 조사를 통해 지역의 신
사에 관해서는 우리가 잊고 있는, 알지 못하는 것이 많다는 사
실을 통감했다. 천 년 전부터 한 지역의 신사에 어떤 생각을
하고, 나아가 천 년 후의 지역 사회에 무엇을 전할 수 있는가
에 대해 생각하는 것은, 지역 활성화의 근간이라고 본다"(다카세
외(2012), 강조점 인용자).

미래의 수탈

'천 년 후까지 전해지는 방재'라는 구마가이의 말에서 연상되
는 것 중 하나가 덴마크에서 제작된 『영원한 봉인Into Eternity(일본
어 제목은 「10만 년 후의 안전100,000年後の安全」)』(2009)이라는 영화다. 이것은
핀란드의 원전에서 방사성 폐기물의 최종 처리장 건설 모습을
담담한 터치로 영상화한 다큐멘터리 작품이다. 일본어 제목은
그러한 폐기물이 10만 년 후에는 안전해진다는 점에서 유래했
다. 바꿔 말하면 10만 년 후의 미래까지 위험을 동반하는 물질
을 우리는 후세에 남기는 것이다. 그것은 앞서 소개한 후대에
대한 메시지를 담아 지역의 작은 신사를 세운 사람들의 마음과

는 어떤 의미에서 정반대라 할 수 있다.

이 다음에 정리하겠지만 시장경제 혹은 그것을 축으로 하는 자본주의 시스템은 '단기'의 시간 축에서만 사건을 받아들이므로, 그러한 '긴 시간'은 처음부터 관심 밖이다.

이것의 의미를 경제학자인 미즈노 가즈오는 '미래의 수탈'이라는 언어로 적확하게 표현했다. 즉 근대 자본주의가 '3억 년 전부터 지구 상에 퇴적해온 화석연료를 (18세기 말 에너지 혁명 이후의) 단 200년 만에 탕진한' 것이 '과거의 수탈'이었다면, 화석연료라는 유한한 자연자원을 대체할 '인공적 무한'을 시도하는 원자력 발전은 실제로는 상기와 같은 방사성 폐기물을 포함하여 다음 세대의 생활을 크게 위협한다. 바로 그것이 '미래의 수탈'에 해당한다는 것이다. 동시에 리먼 사태의 배경에 있었던 금융 공학에 의한 주택 거품과 그곳에서의 서브프라임모기지론도 또한 교묘하게 저소득층의 희망을 이용한 '미래의 수탈'이었다고 미즈노는 주장한다(미즈노(2012)).

'시장의 실패'를 둘러싸고

한편, 제2장에서 잠깐 다룬 것처럼, 경제학에 '시장의 실패'

라는 기본 콘셉트가 있다. 효율성(혹은 효율적인 자원 분배)은 '시장'에서만 실현할 수 있다. 그러나 시장이 완전히 기능하기 위해서는 일정한 조건이 필요하며, 그러한 조건이 충족되지 않을 때 시장은 효율성을 실현할 수 없다. 다시 말해 '실패'한다는 것이다.

시장 실패에 관하여 의견을 제시한 학자들이 있다. 사실 시장은 '정보의 완전성'을 전제로 하는데, 실제로는 이 조건이 충족되지 않은 때가 많으므로(정보의 불완전성 혹은 비대칭성), 정보를 둘러싼 '시장의 실패'가 다양한 형태로 발생한다는 논의를 제기한 학자가 바로 조지 애컬로프George Arthur Akerlof나 조지프 스티글리츠Joseph Eugene Stiglitz와 같은 경제학자다. 그들은 그러한 '정보의 경제학'에 대한 공헌을 인정받아 2001년 노벨 경제학상을 받았다.

정보를 둘러싼 시장 실패의 예로는, 의료보험 등에서의 '역선택'이라 불리는 현상—간단히 말하자면 자신은 비교적 건강하다고 인식하는 사람이 민간 보험에 가입하지 않아서 결과적으로 보험시장이 성립하지 않게 되는 것—이 있다. 제4장에서 미국의 의료 시스템을 언급했는데, 그런 이유로 의료 서비스를 민간 보험에 맡기는 것은, 질병 위험이 높은 사람이 보험가입을 거부당하는 '형평성' 문제뿐 아니라 '효율성'이라는 관점에서도 문제가 심각하다는 결론을 도출할 수 있다.

이상을 다른 관점에서 말하면 '정보'라는 콘셉트를 경제학에 적용함에 따라, '시장 실패'의 취급 범위가 확산되었다. 달리 말하면 '시장이 완벽히 작용하지 않는 영역'이 기존의 생각보다도 넓다는 사실을 인식하게 된 것이다. 반대로 그만큼 '효율성'을 위해 (=시장의 실패를 바로잡기 위해서) 정부가 대응할 필요가 증가한다. 이것은 이 책에서 주장해온 '자본주의의 사회화'를 둘러싼 패러독스—자본주의는 그 존속을 위해 정부의 개입이라는 사회주의적 요소를 필요로 한다—와도 관련된 것이다.

시장경제와 '시간'

정보를 둘러싼 시장의 실패에 관해 이야기했는데, 여기에서 내가 주장하고 싶은 점은 그 다음에 있다.

그것은 '정보'라는 콘셉트 다음에 '시간'이라는 개념을 시장을 이해할 때 도입해야 하지 않을까 하는 점이다. 바꿔 말하면 시장경제에서는 '시간을 둘러싼 경제의 실패'가 다양한 형태로 발생한다는 파악이 중요하다.

이것은 딱히 어려운 것이 아니며 그 내용은 매우 단순하다. 즉 시장은 지극히 '단기'의 시간 축에서 사건을 평가하므로—

금융시장 등은 그 전형이다—, 더욱 긴 시간 축에서 평가받아야 할 재화나 서비스는, 충분히 평가받지 못하고 가격이 낮게 설정되거나 소진된다. 지금 '긴 시간 축에서 평가받아야 할 재화나 서비스'라고 말한 것은 가령 농림수산물이나 삼림 등 자연환경의 가치에 관한 것이다. 또, 상황은 다르지만 개호 등의 서비스도 여기에 해당한다.

이러한 점을 조금 조정하여 나타내면 그림 종장-1이 된다.

이 그림은 '개인—공동체—자연'의 관계를 대응시킨 것으로, 실은 제3장의 그림 3-1이나 제4장의 그림 4-4와 같은 것이다.

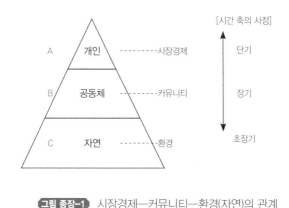

그림 종장-1 시장경제—커뮤니티—환경(자연)의 관계

여기에서 피라미드의 상층에 있는 '시장경제'에서는 시간 축의 사정거리가 짧다. 비유적으로 말하면 시간이 가장 '빨리' 흐

른다. 그러나 개인과 시장경제의 토대에 있는 공동체 혹은 커뮤니티의 차원에서는 세대 간 계승성을 포함하여 시간 축의 사정거리가 가장 길다. 나아가 자연의 차원으로 가면 시간의 사정거리는 더욱 길어진다. 그곳에서 시간은 '천천히' 흐른다.

가령 개호는 부모의 수발을 자녀가 들고, 그 자녀가 나이를 먹으면 또 그 자녀가 수발을 들고……하는 식으로, 세대 간 계승성 속에서 커뮤니티적인 활동으로 이어져왔다(그림의 피라미드 중간층에 해당). 그러나 시장에서 '개호 서비스'라는 상품이 되면, 그러한 요소는 지워지고, 개개의 행위를 단편적으로 평가함에 따라 '가격'이 그만큼 낮아지는 것이 아닐까. 현재 일본에서 젊은 세대를 중심으로 개호 관련 종사자의 이직률이 상당히 높다. 사회적으로는 매우 중요한 영역임에도 불구하고 개호가 안정된 고용의 장이 되지 못하는 것은, 근본적으로 이러한 구조에서 유래한다고 나는 생각한다.

그러므로 이들 영역에서는 공적인 체제(구체적으로는 공적 개호 보험)에서 그 가격을 시장보다 높게(본래의 가격이 평가되도록) 설정하여, 즉 공적인 프라이싱(가격책정)을 통해 '시간을 둘러싼 시장의 실패'를 시정할 필요가 있다.

이처럼 생각하다 보면 언뜻 아무런 연관도 없어 보이는 농업 등의 분야와 방금 말한 개호나 복지 분야에 의외로 공통점이

보인다. 즉 농업 등의 분야에서도 상당한 노동을 들여서 만든 농산물이 제값을 받지 못하여 충분한 수입을 얻을 수 없다는 이유로 이농하는 사람이 (젊은 세대를 포함하여) 끊이지 않는다. 이것은 앞서 본 피라미드에서 가장 밑바탕을 이루는 있는 '자연'의 영역에 관계하는 것이다. 그럼에도 시장경제에서는 그 가치를 충분히 평가받지 못하고 종사자가 감소하고 있다. 그 구조는 사실 앞서 말한 개호 등과 궤를 같이한다.

참고로 제8장에서 도시와 농촌 사이의 '부등가교환'에 대해 소개했는데, 이것 또한 이상과 같은 시간을 둘러싼 '시장의 실패'에서 유래한 것이라고 생각할 수 있다. 또한 그곳에서 언급한 자연에너지의 고정가격 매수제도는 자칫 자연에 관한 가치가 평가 절하되는 것을 공적 프라이싱을 통해 시정하는 시스템이라 할 수 있다.

또한 약간 개념적인 정리지만 그림 4-4에 근거하여 말한 것처럼, 이 피라미드의 중간층(B의 차원)인 '커뮤니티'는 사실 '정보'와 호응한다(=복수의 주체에서 이루어진 '커뮤니티'에서의 의미 공유나 유통이 '정보'라는 콘셉트와 표리 관계에 있다). 따라서 앞서 말한 '정보의 경제학'은 실제로는 이 피라미드의 최상층(시장경제)에서 출발하여 탐구의 사정거리를 중간층(=정보/커뮤니티의 차원)까지 뻗은 시도로서 파악할 수 있을 것이다. 그리고 그것을 더욱 밑바탕에 있는 '자연'

에까지 미치도록 하는 것이 여기에서 말하는 '시간을 둘러싼 시장의 실패'라는 사고다.

그런데 이상과 같은 논의에 대해서는 다음과 같은 반론도 있을 것이다. 그것은 본래 '시장'이란 그야말로 '단기의 시간 축으로 사건을 평가하는 것이 그 본질이므로, 자연 등에 관련한 영역이 가치 부여 면에서 충분히 평가받지 못하는 것은, 시장의 실패가 아니라, 시장이 그 본래 기능을 발휘했다는—오히려 시장의 성공— 증거가 아니냐'는 비판이다.

형식적으로 보자면 맞는 말이다. 하지만 그것은 '시장의 실패'라는 정의에 관한 것이다. 또한 애초에 시장경제를 어떻게 파악할 것인가 하는 기본 이해와 연관되어 있다.

즉, 앞서 제시한 그림에 입각하여 말했듯이 시장경제는 그 자체가 독립 및 자존하는 것이 아니라, 그 밑바탕에는 커뮤니티와 자연(이라는 더욱 장기적 시간 축과 관련한 영역)이 존재한다. 제3장에서 논한 것처럼, 시장경제가 그러한 토대에서 떨어져서 '이륙' 하여, 한없이 '확대·성장'을 지향해온 것이 자본주의의 발자취다. 그러나 시장이 그 밑바탕에 있는 이들 영역을 충분히 평가하지 못하고, 그 존속을 위협한다면 그것은 (자연이나 커뮤니티가 있어야 비로소 성립한다) 스스로 존재를 잃고 말 것이다.

바로 그것을 여기에서는 궁극적인 의미에서 '시장의 실패'라

고 부른다. 또한 그것은 '시장이 전 세계 모든 것을 다 덮은 순간 시장 그 자체의 존속이 불가능해진다'는 패러독스를 포함한 표현이라 해야 할 것이다.

'긴 시간'에 대한 견지
——민속학적인 지(知)와 근대과학적인 지(知)의 융합

앞서 소개한 지진과 지역 신사 이야기로 돌아가보자. 자본주의의 기둥인 시장경제와 근대과학은 단기적 시간 축 혹은 '균질하게 흘러가는 추상적인 시간'이 기본을 이룬다. 가령 지진 예측이나 방재에 관해서 예부터 존재하는 지역 신사가 전하는 메시지 따위에 관심을 두는 일은 드물다.

하지만 현재 요구되는 것은 자연과학으로 상징되는 근대과학적 접근과 이른바 '민속학적·역사학적 접근'이라고도 부를 수 있는, 역사성이나 풍토, 종교나 자연 신앙, 문화와 커뮤니티 등에 착안한 접근 모두를 큰 시야에서 통합해가는 새로운 '과학' 혹은 지知의 모습이 아닐까.

통상적 의미의 학문적 저작은 아니지만 만화가 데즈카 오사무手塚治虫의 『불새火の鳥』가 그야말로 그러한 성격의 작품이라

할 수 있을 것이다. 『불새』에서는 야마타이 국邪馬台国(일본의 고대 부족국가—역자 주) 시절이나 인류의 창세와 같은 머나먼 과거와 서력 3404년 등의 인류가 한번 멸망하고 다시 생명의 진화가 시작된 이후와 같은 아득한 미래를 왕복하면서 각각의 시대에 어느 정도 독립한 이야기가 진행된다. 다만 어떤 시대든 '불새'가 반드시 등장한다.

이 이야기의 중심 주제는 생명 혹은 '삶과 죽음', 혹은 '죽음과 재생'과 같은 주제다—특히, '미래 편'에서 나오는 '우주 생명(코스모 존)'이라는 콘셉트가 가장 핵심으로 보인다—. 내가 인상 깊었던 것은 그 시간의 사정거리가 극히 길다는 것, 심지어 단순히 시간 축으로서 양적으로 긴 것뿐 아니라, 이른바 '시간의 깊이'라 해야 할 차원, 혹은 현상적 시간의 밑바닥에 흐르는 '심층의 시간'을 다룬다는 점이다('우주 생명'도 이것과 연관된다).

그리고 앞서 말한 것처럼 먼 과거나 토착적인 것에 대한 관심, 바꿔 말하면 민속학적 · 역사학적 관심과, 미래나 과학, 우주에 대한 근대과학적 관심—이 둘은 어떤 의미에서 꽤 이질적인 것으로 보이는데 『불새』에서는 그 양쪽 모두가 융합되어 있다.

로컬 과학/다양성의 과학

한편, 기존 과학의 틀을 뛰어넘는 이러한 새로운 방향은 다른 측면에서 보면, 보편적 법칙뿐 아니라 특정 장소나 공간의 개별성, 다양성에 관심을 기울인 '로컬' 과학 혹은 지知의 성격을 동시에 지닌다. 이때 개별성과 다양성에 관심을 기울인다고 해도, 그것은 단순히 각각의 장소나 대상의 특징을 망라하듯 기술하는 데 그치는 것이 아니다. 오히려 왜 그러한 개별성과 다양성이 생겨났는가 하는, 그 배경까지 시야에 넣은 전체적 구조를 파악한 것이 여기에서의 '로컬 과학/다양성의 과학'의 취지다.

이 점에 관하여, '문화의 다양성이란 무엇인가'라는 주제에 대해 생명인류학자인 가이후 요스케海部陽介는 다음과 같은 흥미로운 논의를 전개하고 있다.

"우리의 문화가 다양화한 것은 구석기시대에 우리 선조들이 아프리카에서 세계 각지로 퍼져나간 역사에 기원을 두고 있다. 이때 각 지역의 문화가 발전하는 속도와 방향성에 영향을 준 인자因子는 사람들의 자유의사였지만, 압도적으로 큰 영향을 미친 것은 지리와 자연환경, 그리고 집단이 거슬러온 지금까지의 역사였다. 가령 아보리진Aborigine의 선조가 5만 년도

전에 인류 최초의 대항해에 성공한 것은, 그들이 진출한 동남 아시아 연안부가 바다 문화의 발달을 자극하는 토지였기 때문이다. 한편, 그들은 북유라시아 지역의 주인처럼 훌륭한 옷이나 주거를 만들지 않았는데 그것은 만들 능력이 없었기 때문이 아니라, 그럴 필요가 없었기 때문이다. ⋯⋯이처럼 환경에 대한 적응을 통해 발전한 개개의 문화에 대해 우열을 가리려는 것이 과연 정당할까? 전 세계 각지로 흩어진 선조들의 집단은, 각각의 토지 환경에 맞는 문화를 발전시켜나갔다."(가이후(2005), 강조점은 인용자)

이처럼, 지구 상 각 지역 환경의 다양성이(그것에 대한 적응의 결과로서) 문화의 다양성을 낳았다는 자신의 시각을 말한 후에, 가이후는 다음과 같은 인상 깊은 지적을 한다.

"이렇게 보면 각 지역 집단이 이룩한 역사적 위업은, 그 지역 사람들만 가능한 것이 아니라, 오히려 호모사피엔스 종으로서 우리가 공유하고 있는 잠재력을 나타낸다는 사실을 알 수 있다. 어떤 지역 문화에서도 호모사피엔스 문화로서의 공통 요소와 독자적 요소 모두가 발견된다. ⋯⋯이들 독자 요소는, 사실 민족의 우수성을 재는 척도가 아니라 외적 인자에 대한 우리 종의 행위의 유연성을 반영한다고 간주해야 한다. 호모사피엔스가 세계의 다양한 환경에 진출했기 때문에 비로소 그

다양한 행동을 볼 수 있었던 것이다."(가이후(2005), 강조점은 인용자)

제5장에서 약간 언급한 것처럼 19세기에 '생태'라는 말을 만든 독일의 생물학자 에른스트 헤켈은 그 정의를 '유기체와 환경 사이의 모든 관계의 과학'이라고 규정했다(1866년의 『일반형태학』이라는 저서). '관계'에 주목하는 과학이라는 발상은 근대과학에서는 특이하다고 할 수 있다. 앞서 말한 가이후와 같은 견해는 그야말로 '생태'적인 것이다. 여기에서 핵심은 (주체를 둘러싼) '환경의 다양성'을 전제하면서, 그곳에서의 주체(혹은 생명)가 한 종의 '내발성'을 지니면서도 한편으로 속한 환경과 '관계'하고 상호작용하면서 새로운 다양성을 생성해간다고 파악한 것이다.

생명의 내발성과 환경과의 관계
──근대과학의 변용과 포스트 자본주의

화제를 다른 영역으로 확장해보자. 이러한 발상은 근대 생명과학에서 대두한 '후성유전학epigenetics'이라 불리는 연구 분야의 생명관과 흡사하다. '후성유전학'이란 기존의 인식처럼, 생물의 특성이 DNA에 기재된 유전 암호에 의해 모두 결정지어지는 것이 아니라 오히려 환경과의 상호작용에 의해 형성되는

부분이 일정 이상 존재한다고 보고, 그 작용원리를 탐구하는 분야다(후성유전학을 뜻하는 'epigenetics'의 'epi'는 '에필로그'와 마찬가지로 '나중'이라는 의미. 후성유전학에 대해서는 오타太田(2013), 나카노仲野(2014) 참조).

이것은 앞서 소개한 지구 상의 '문화의 다양성'과는 전혀 다른 성격의 이야기로 보이지만, 주체 혹은 생명이 내발성을 지니며, 환경과 '관계'하며 상호작용을 벌이고, 그곳에서 여러 수준의 다양성이 발생한다는 파악은 실로 공통적이다.

(＊)'환경과학'으로서의 우주론 화제를 더욱 확대하면, 흥미롭게도 같은 패러다임이 우주론 분야에서도 일어나고 있다. 즉 근대 우주론에서는 빅뱅 혹은 인플레이션을 통한 우주의 창생이 몇 번이나 (무수히) 일어났다. 따라서 우주는 다수 존재하며―'유니버스'에 대한 '멀티버스multiverse'―, 우리 인간은 무수히 많은 우주 속에서 우연히 자신이 존재할 수 있었던 우주에 존재할 뿐이라는 파악이 힘을 얻고 있다(이 화제에 관해서는 마쓰바라松原(2012), 사토佐藤(2010) 등 참조). 바꿔 말하면 우주 또한 '로컬'적 존재이며, "'모든 것을 포함하는 하나의 것'이어야 할 '우주(유니버스)'가 로컬적 '환경'에 지나지 않았다(아오키靑木(2013))"는 견해가 등장했고 이러한 인식을 통해 '우주론은 환경과학이 되었다'와 같은 표현도 나오게 되었다(크라우스Lawrence M. Krauss(2013)). 즉 우주론은 (복수의 우주환경 중에서) 이른바 인간의 존재를 가능케 하는 환경적 조건을 찾는 학문이라는 성격을 띠었다. 이러한 이해의 틀은 앞서 말한 문화의 다양성이나 후성유전학의 발상과 구조적으로 공통되는 부분이 있을 것이다.

그리고 이러한 사고의 방향성은 제5장에서 정리한 근대과학의 기본적 세계관과는 꽤 이질적인 벡터를 포함하고 있다는 사실을 깨닫는다.

즉 근대과학에서는 생명과 자연을 포함한 세계는 '기계론적'으로, 즉 수동적 존재로서 이해되었다. 그곳에서는 ①일의적·보편적인 법칙이 관철되고, 또한 ②각각의 요소는 독립된 '관계'에 주목한다는 발상은 이차원적인 것이었다(이 ① ②는 134페이지에서의 '두 가지 축'과 대응한다). 결과적으로 그것은 이른바 '외줄기 과학'이며, 대상과 지역, 공간의 '다양성'에 대한 관심은 배경이었다.

그리고 이것이 중요한 점인데, 그러한 근대과학의 '외줄기'로서의 성격 그 자체가 이 책에서 논의해온 자본주의(=시장경제 플러스 확대·성장)라는 경제 사회 시스템의 모습과 불가분의 관계가 아니었을까.

자본주의는 시장화·공업화·정보화와 같은 각 단계를 통해 이른바 '하나의 오르막길'을 계속 올라가며, 강력한 추진력과 함께 세계를 '하나의 방향'으로 움직이고 균질화하며 서열화한다. 또한 그곳에서는 '시간 축'이라는 일원적인 잣대로 규정된다.

따라서 자본주의의 그러한 일원적 방향이 다양한 모순과 함께 한계에 봉착했고, 이 책에서 논의해온 바와 같이 '포스트 자

본주의'의 사회 구상이 요구되고 있다는 점, 그리고 이 책의 제2부와 여기에서 말했듯이, 생명의 내발성과 '관계성', 다양성·개별성에 관심을 기울이는 새로운 과학의 모습이 다양한 영역에서 '동시다발적'으로 대두되고 있는 점은 평행 현상인 것이다.

로컬/글로벌/유니버설

앞서 말한 '문화 다양성' 논의의 첫 부분에서, 각 지역의 개별성과 다양성에 눈을 돌리면서, 동시에 '왜 그러한 개별성과 다양성이 생겨났는가, 하는 그 배경까지 포함한 전체적인 구조를 파악하고 이해한다'고 말했다. 이것은 우리가 통상 사용하고 있는 '로컬/글로벌/유니버설'이라는 말을 어떻게 이해할 것인가 하는 주제와도 이어진다.

다시 확인하자면 '로컬'이란 '지역적, 개별적'이라는 의미이며, 일반적으로 그러한 '로컬'에 대해 '글로벌'이 대치되는 경우가 많다. 하지만 그러한 로컬과 본래 대조되는 것은 '유니버설'이다. 이것은 신기하게도 '보편적'임과 동시에 문자 그대로 '우주적'이라는 의미다.

이상을 고려하여 '글로벌'을 애초에(globe에서 유래한다) '지구적'인 의미라고 한다면, 통상 회자되는 '글로벌'(혹은 글로벌리제이션)하고는 전혀 다른, 어떤 의미에서 그 본래 지녀야 할 의미가 드러날 수 있지 않을까.

그것은 앞서 확인한 바와 같이 '로컬=개별적 · 지역적'과 '유니버설=보편적 · 우주적'이라는 두 개념 사이에 다리를 놓는 의미에서의 '글로벌=지구적'이다. 즉 그것은 지구 상 각 지역의 개별성과 문화의 다양성에 큰 관심을 기울이면서, 동시에 그러한 다양성이 얼마나 생성, 전개했는지를 그 배경이나 구조까지 거슬러가 이해하는 사고 체계인 것이다.

바꿔 말하면, 세계를 맥도널드처럼 균질하게 하는 것이 '글로벌'이 아니다. 오히려 지구 상 각 지역이 지니는 개성이나 풍토적 · 문화적 다양성에 일차적인 관심을 기울이며, 상기와 같이 그러한 다양성이 생성하는 구조 자체를 이해하고, 전체를 조감하듯 파악하는 것이 '글로벌' 본래 모습일 터이다.

지구 윤리의 가능성

이제 서장에서 말한 인간의 역사 속 '제3의 정체화' 시대인

포스트 자본주의 시대에 떠오르는 세계관과 '가치'의 이상적 모습이 어렴풋하나마 보일 것이다.

서장에서의 논의를 다시 확인해보면, 인간의 역사는 크게 '확대·성장'과 '정체화'라는 주기를 따라왔는데, 정체기로의 이행 시대에는 기존과는 다른 새로운 관념이나 윤리, 가치가 생성되었다.

즉, 수렵채집 단계에서 정체화 시대에는 '마음의 빅뱅(또는 의식의 빅뱅/문화의 빅뱅)'이라고 불리는 현상이 발생했다(약 5만 년 전). 또한 농경 문명의 정체화 시대에는 기원전 5세기경에 칼 야스퍼스가 '추축시대', 과학사학자인 이토 슌타로가 '정신혁명'이라고 부른 사건이 발생하여, 불교(인도), 유교와 노장사상(중국), 기독교의 원류라 할 수 있는 구약사상(중동), 그리스철학과 같은 현재로 이어지는 보편적인 사상 혹은 보편 종교가 '동시다발적'으로 생겨났다.

또한 그 배경에는 각 단계의 생산 기술 혹은 에너지 이용 형태가 고도화하여, 결과적으로 한 종種이 자원·환경 제약에 직면한 상황이 있었다. 그러한 상황에서 '생존'을 확보하기 위한 원리로서, 바꿔 말하면 '물질적 생산의 외적 확대로부터 내적·문화적 발전으로'라는 방향의 수로를 적극적으로 파는 움직임으로서, 앞서 말한 새로운 관념이나 사상이 생겨났다고

이해했다.

이러한 파악을 고려하여 제3 정체기에 요구되는 사상을 고민하는 실마리로서, 나는 근년에 발간한 몇 권의 책에서 '지구 윤리'라는 개념에 대해 주장했다(히로이(2011), (2013)). 그 내용은 미숙한 상태에 머물러 있지만, 이 책 전체의 주제에 관련된, 중요하다고 생각되는 논점을 간결하게 기술해보려 한다.

추축시대/정신혁명과의 대비

여기에서 논의의 실마리는 '제2의 정체화' 시대에 생겨난 추축시대/정신혁명의 사상들과의 대비다.

앞서 그것을 '보편 사상' 혹은 '보편 종교'라는 말로 표현한 것처럼, 이 시대에 생성된 불교, 유교·노장사상, 구약사상, 그리스 철학 등에서 공통적으로 나타난 것은 특정 민족이나 공동체를 넘어선 '인간' 혹은 '인류'라는 관념을 처음으로 지녔다는 점이다. 그렇듯 바로 인간의 보편적 가치 원리를 제기했다는 점에 그 본질적인 특징이 있다.

이 경우, 그들 사상이나 세계관의 '내용'은 각자가 생겨난 지역의 풍토적 환경을 반영하는데, 지극히 대략적으로 말하면,

· 구약사상(~기독교)의 경우—'초월자 원리'

· 유교와 그리스 철학의 경우—'인간적 원리'

· 불교의 경우—'우주적 원리'

라고 불러야 할 세계관이다. 서로 크게 달랐지만 '보편성'에 대한 지향이라는 점에서는 공통적이다(풍토와 종교의 상관에 대해서는 스즈키(1976) 참조).

참고로 최근 GDP를 대신할 '풍요'의 지표에 관한 연구와 나란히 '행복 연구'라 불리는 분야가 발달했다는 것을 앞서 소개했다. 이들 보편 사상 혹은 보편 종교는, 어떤 의미에서 모두 (생산이나 욕망의 외적 확대를 넘어선) '행복'의 의미를—가령 기독교의 사랑, 불교의 자비, 유교나 그리스 철학의 '덕'과 같은 형태로—설파한 것이라고도 할 수 있다. 즉 시대 상황 면에서 현재와의 유사성이 발견되는 것이다.

나아가 이러한 상황 전체를 한 발 밖에서 바라보면, 다음과 같은 점을 지적할 수 있으리라. 즉 이들 사상은 앞서 말한 바와 같이 특정한 민족이나 공동체의 이해나 관념을 넘어서 생겨나는 것으로서, 그러한 복수의 민족·문화 간 대립을 넘어서 융화해가는 사상으로서의 역할을 담당한다. 반면 스스로 '보편성'을 자인하는 만큼 공존하는 것은 어렵다.

즉 애초에 사상이라는 것은 스스로 생각의 '보편성'을 자부하고 주장하는 정도가 강하면 강할수록 양립이 어려워진다(이것은 상징적으로는 '복수의 보편'이 가능한가라는 물음의 형태로 표현할 수도 있다). 현재 세계에서의 기독교와 이슬람교의 대립이 그것을 상징하는 일례일지도 모른다. 정도의 차이는 있을지라도 추축시대에 생성된 보편 사상/보편 종교는 그 보편성에 대한 지향으로 인해 원리적으로 그러한 과제를 지녔던 것이다.

그러나 현실에서 그러한 문제가 심각한 형태로 발생하는 것은, 꽤 나중 시대가 되기까지는 비교적 적었다. 왜냐하면 근대에 이르기까지 지구 상의 각 지역 간 교역은(그것이 다양한 형태로 존재했다고는 하나) 어느 정도 한정된 범위에 머물렀기 때문이다. 따라서 추축시대의 제반사상은 그것이 생겨난 지역을 기반으로 하여 지구 상에서 일정 범위에 침투해가면서도, 서로에게 일종의 '지역적regional 공존'을 행하는 것이 가능했다. 추축시대 이후의 시대를 크게 '농경 문화의 후반기'라고 분류한다면, 이 시기에 이른바 보편 종교의 지리적 공존으로서 '세계 종교 지구'(불교권, 기독교권, 유교권 등등)가 형성되었다고도 할 수 있다.

하지만 현재와 같은 시대에서는 앞서 말한 기독교와 이슬람교의 대립을 포함하여 보편 종교끼리 서로 있는 그대로 공존하는 것은 매우 곤란한 상황이 되었다.

'지구 윤리'가 등장하는 제1의 핵심은 바로 이 점에 있다. 즉 그것은 앞서 '글로벌'의 본래 의미에 관해 말한 것처럼 보편 종교/보편 사상을 포함하여 지구 상 각 지역에서의 사상과 종교, 혹은 자연관, 세계관 등의 다양성에 적극적인 관심을 기울이고, 심지어 그러한 다양성을 그저 망라하는 것이 아니라, 그러한 이질적인 관념이나 세계관이 생성된 배경이나 환경, 풍토까지를 이해하려는 사고 체계다.

추축시대의 보편 종교/보편 사상이 각각의 보편적인 '우주(코스모스)'를 지녔다는 의미에서 '코스모지컬cosmosical'이었다고 한다면, 지구 윤리는 사상과 관념을 그것이 생성된 배경이나 풍토, 환경으로 거슬러가 파악한다는 의미에서 '생태적ecological'이라고 할 수 있을 것이다. 동시에 그것은 개개의 보편 종교를 초월하여 그 사이에 다리를 놓는 의미에서 '지구적 공공성' 측면을 지니고 있다.

로컬 자연신앙과의 연결고리

한편, 지구 윤리가 요청되는 또 하나의 핵심은 지구 상 각 지역에 존재하는 '애니미즘', 즉 가장 원초적인 자연신앙과의

관련성에 관한 것이다.

그것은 자연의 구체적인 사실 속에서, 단순히 물질적인 것을 넘어선 무언가를 발견하려는 자연관 혹은 세계관이다. 즉 '자연의 영성spirituality'이라고도 부를 수 있으며, (제1 정체기에서의) '마음의 빅뱅'과 깊은 관련이 있다고도 할 수 있으리라('자연의 영성'에 대해서는 히로이(2015) 참조).

이것은 앞서 말했듯 지구 상 각지에서의 가장 원초적인 자연관 혹은 신앙 형태이며, 어떤 의미에서 모든 '가치의 원천'이라고도 불러야 할 차원이다. 추축시대 혹은 정신혁명에서 생성된 제반 사상에서는 대개 이러한 자연신앙은 불합리하고 '원시적'인 것이라며 부정적으로 받아들였다.

사생관死生觀에 입각하여 말하면, 자연 신앙에서는 삶과 죽음을 연속적으로 받아들이고 자연의 구체적인 사건 속에서 삶과 죽음을 초월한 무언가를 발견하는 발상을 지닌다. 가령 그것은 몇 백 년에 걸쳐 서 있는 한 그루의 커다란 나무를 보고, 거기서 시간을 초월한 무언가를 발견하는 감각 혹은 세계관이다.

한편 보편 종교 혹은 보편 사상에서는, 삶과 죽음이 명확하게 구분될 뿐 아니라 개념화된다. 동시에 죽음은 '영원'이라든가 '공空'과 같은 추상화된 이념과 함께 파악된다. 그것은 어떤 의미에서 세련되고 고차원적인 사생관이지만, 동시에 자연과

의 '단절'이 작용하는 것도 분명하다.

　이러한 문맥에서 제8장에서 말한 '진주노모리'와도 이어지는데, 지구 윤리에서는 원초적 자연 신앙—그것은 본래적으로 '로컬' 성격의 것이기도 하다—의 가치를 재발견하고, 그것에 대해 적극적으로 평가한다. 왜냐하면 **지구 윤리의 시점에서는, '자연 신앙/자연의 영성'은 오히려 온갖 종교나 신앙의 근원에 있는 것**이며—아인슈타인이 '우주적 종교감정cosmic religious feeling'이라고 부른 것도 비슷한 맥락이다—, 보편 종교를 포함하는 다양한 종교에서의 각기 다른 '신(신들)'이나 신앙의 모습은, 그러한 근원에 있는 무언가를 각기 다른 형태로 표현한 것이라고 생각하기 때문이다.

　이것은 앞서 지구 윤리에 대해서 '생태적'이라고 표현한 세계관, 즉 어떤 사상이나 신앙, 관념 등을 그것만을 따로 파악하는 것이 아니라, 그것이 생성된 풍토나 환경과의 관계성 속에서 파악하는 시점으로도 이어진다.

　이렇게 생각하면, 지구 윤리는 한편으로 환경의 다양성에 주목하여 관념이나 사상이 환경과 풍토와의 관계성 속에서 생성한다고 인식함과 동시에, 자연 신앙이 중시하는 생명이나 자연의 내발성에 관심을 기울인다는 두 가지 점에 대해, 앞서(생물인류학, 후성유전학, 우주론 등) 몇 가지 근래 과학 분야에 입각하여 지

적한 방향과 공명한다고 할 수도 있을 것이다.

참고로, 과거 프랑스의 정신의학자인 E. 민코프스키Eugène Minkowski는, 그의 저서『체험된 시간Le temps vécu』에서 현대사회의 질병은 사람들이 '생명과의 직접적인 접촉'에서 분리되어 있기 때문이라고 주장하고, 어떤 형태로든 생명 차원과의 연관성을 회복해야 한다고 역설했다(민코프스키(1972)). 지구 윤리에서 적극적인 의미를 지니는 '자연신앙/자연의 영성'은 그러한 차원과도 겹쳐지는 것으로 보인다.

어느 쪽이든 이상과 같이 지구 윤리는 한편으로 개개의 보편 종교와 관계함과 동시에, 가장 근저에 있는 '자연신앙/자연의 영성'과 직접적으로 이어진다(그림 종장-2 참조).

그리고 마지막으로 또 한 발 나아가 사고를 전개하면, 앞서 소개한 '로컬/글로벌/유니버설'의 논의와도 이어지며, 또 제5장에서의 '생명/자연의 내발성'을 둘러싼 고찰과도 연관이 있다. 근래 과학이 빅뱅 혹은 인플레이션을 통한 우주의 탄생, 지구 시스템의 형성, 생명의 탄생, 그리고 인간과 의식의 생성과 같은 일련의 사건을 생명 혹은 자연의 내발성과 중층적인 자기 조직화라는 하나의 일관된 과정으로서 파악한다면(이토(2013) 참조), 이 그림에서 가장 '로컬'적 위치에 있는 자연 신앙은, 그 근원에서 우주적(유니버설)인 생명의 차원으로 이어진다.

그것은 글로벌한 지구 윤리도 포함한다고 할 수 있다.

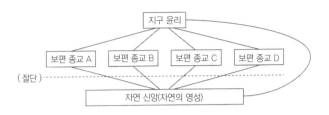

지구 윤리와 보편 종교/자연 신앙과의 관계구조

*   *   *

'포스트 자본주의'라는 주제와는 너무도 먼 지점까지 나아
간 것일까. 앞서 말한 내용과도 관련되지만, 우주의 역사를 비
롯하여 지구의 역사, 생명의 역사 그리고 인간의 역사를 일관
된 투시도 안에서 다시 파악하려는 '빅 히스토리Big History'라는
문리文理 통합적 시도가 근래에 대두되는 것처럼(대표적인 것으로서
Christian(2004), Spier(2011) 등. 또한 같은 문제의식을 다룬 것 중에 이토(2013), 얀츠
(1986) 참조), 개별 분야의 종적 의미를 초월하여 초장기 시간 축
에서 사건을 파악하고 고찰하지 않으면, 현재에 일어나는 사

태의 의미나 향후 전망을 볼 수 없는, 커다란 시대의 분기점에 우리는 서 있는 것이 아닐까.

  냉정하게 바라보자면 21세기는 더욱 무한한 '확대·성장'을 지향하는 벡터와, 성숙 그리고 정체화를 지향하는 벡터의 깊은 대립 혹은 '경쟁' 시대가 될 것이다. 그것이 이 책에서 다뤄 온 인류사의 '제3 정체화'로의 이행을 둘러싼 분수령과 겹친다. 또한 '초(슈퍼) 자본주의' 및 '포스트 자본주의'의 대립과도 호응한다. 그것은 틀림없이 무수한 창조의 생성과 함께, 다양한 갈등을 동반하며 어려움을 극대화하는 과정이 될 것이다.

  아쉽게도 우리 인간은 『불새』처럼 초월적 혹은 조감적 시점에서 미래를 내다볼 수는 없다. 하지만 세계의 지속 가능성이나 인간의 행복이라는 가치를 기준으로 삼아, 정체화 혹은 '지속 가능한 복지사회'로 나아가는 것이야말로 우리가 실현해야 할 방향이 아닐까. 그것이 바로 이 책의 중심 메시지다.

후기

'포스트 자본주의'라는 이 책의 제목을 보고 (특히 일정 이상의 위 세대 중에는) '자본주의 타도!'라는 의미의 '혁명'적 내용을 상상하는 사람이 있을지도 모르지만, 사실 그렇지 않다. 물론 포스트 자본주의로 이행하는 것은 지난 수백 년 이어져온 '무한한 확대·성장' 지향주의에서 벗어나 '정체화'로 향하는 '조용한 혁명'이다. 그것은 앞으로 펼쳐질 21세기에 사람들의 의식이나 행동 양식을 바꿀 ―동시에 그 과정에서 다양한 갈등이나 대립, 충돌도 발생할 수 있는― 진정한 근본적 변화가 될 것이다.

동시에 그것은 반드시 추상도가 높은 이론이나 사회 시스템에만 국한된 현상이 아니라, 가장 단순히 말하면 '걷는 속도를 지금보다 낮추어서 (미래 세대를 포함한) 타자나 풍경 등을 배려하는 것'과 같은 지극히 일상적인 의식이나 행동에서 기인한다.

한편, 이 책의 본문을 탈고한 후에 깨달은 사실인데, 일본에서 특히 인기가 많은 경영자 피터 드러커가 1993년에 『자본주의 이후의 사회Post-Capitalist Society』라는 책을 출간했다. 경영학자가 '포스트 자본주의'를 주창하는 것을 의외로 여기는 사람이 많을지도 모르겠다. 그러나 이 책은 '지적 사회'의 도래를 포스트 자본주의라는 방향과 겹쳐서 논하는 내용이라 본서와

는 크게 다르다. 하지만 둘 다 일관적으로 '비영리 조직'의 경영이라는 주제에 관심이 있으며, 나아가 (오스트리아 출신이자) 앵글로색슨적 세계관과는 선을 긋고 있는 드러커가 '포스트 자본주의'를 논하는 것은 어느 정도 합리성이 있기에, 이 주제가 지니는 확장성을 내포한다 하겠다.

동시에 드러커는 일본에 줄곧 관심을 보였다. 앞에서 말한 저서에서도 일본을 여러 번 언급했다. 어떤 의미에서 역설적이지만, '일본 자본주의의 아버지'라 할 수 있는 시부사와 에이이치渋沢栄一가 『논어와 주판論語と算盤』에서 설명한 '경제와 윤리의 통합'이나, 오미近江(지금의 시가滋賀 현 지역을 이르는 옛 이름—역자 주) 상인의 가훈으로 유명한 '3無' 등의 (이른바 '프리 자본주의pre-capitalism'적인) 행동 규범은, 소박한 차원이기는 하지만 포스트 자본주의의 윤리와 실은 꽤 중첩된다. '오래된 미래ancient futures'로서의 포스트 자본주의다.

한편, '포스트 자본주의'라는 주제와 깊은 연관이 있음에도, 내 능력 부족으로 이 책에서 충분히 언급하지 못한 화제가 있다. 그것은 첫째, '화폐'의 이상적 모습, 둘째, '조직'의 이상적 모습(특히 주식회사) 등이다.

전자인 화폐에 대해서는 논점으로서 제시한다면 20세기 초

반 독일 사상가인 실비오 게젤Silvio Gesell이 주창한 '스탬프머니
=소멸 지폐'—미하엘 엔데Michael Ende의 화폐관에도 영향을 주
었다—나, '이자가 붙지 않는 화폐'를 둘러싼 논의가 있다. 또
한 화폐를 국가가 독점적으로 관리하는 경향이 강한 근대 사회
부터, 미래에는 '화폐의 다양화'가 그 '전자화'나 '커뮤니티 통
화'와도 관계 맺으면서 진전할 것이라는 현재 진행 중인 주제
가 존재한다. 이 책의 제3장에서 언급한 니시베 마코토는 '금
융위기, 재정위기, 통화위기에 대한 대항책으로서 세계에서
유사통화, 암호통화, 전자통화, 커뮤니티 통화가 군생하고 있
다'(『화폐라는 수수께끼貨幣という謎』). 이른바 화폐의 '글로벌화'와 '로컬
화'라는 화제다.

후자의 '조직'(주식회사 등)에 대해서는 졸저 『인구 감소 사회
라는 희망』에서 '커뮤니티 경제'와의 관련에 관하여 어느 정
도 말했지만—크게는 주식회사 중심에서 협동조합 등 다양
한 형태로의 이행—, 현실에서도 영국의 '커뮤니티 이익 사회
Community Interest Company'라는 형태나 일본에서 논의되고 있는
비영리 홀딩 컴퍼니 등, 조직의 다원화 혹은 새로운 형태를 향
해 다양한 모색이나 시행이 전개되고 있다.

이상의 '화폐'나 '조직'을 둘러싼 화제는 아마도 향후 긴 기간
에 걸쳐 논의하고 구현해야 하며 그것이 본질적인 의미를 지

니는 것은 확실하다. 그러나 나 자신은 그러한 '화폐'나 '조직'의 이상적 모습 자체가 '주체' 혹은 목적이 아니라, 그것은 오히려 이 책에서 논의한 '녹색 복지국가/지속 가능한 복지사회'와 같은 사회상이나 그곳에서의 사람과 사람의 관계성, 커뮤니티, 생활 모습에 '종從' 혹은 '수단'으로 존재하는 것이라고 생각한다.

이러한 점에 관하여 게젤의 '썩는(=가치가 줄어드는) 화폐'라는 주제와도 이어지지만, 빵 만드는 장인으로서의 경험을 바탕으로 그것을 마르크스의 자본주의 이해와 결부시켜서 근본적인 논의를 전개한 와타나베 이타루渡邊格의 『시골빵집에서 자본론을 굽다田舎のパン屋が見つけた「腐る経済」』는 인상 깊은 책이다. 와타나베 이타루는 다음과 같이 이야기했는데 그의 인식은 정당하다고 생각한다.

"나는 엔데가 제안한 지역 통화에 큰 흥미를 갖고 있으며, 실제로 지역 통화를 발행한 적이 있습니다. 하지만 그것은 실패로 끝났습니다. 이 실패를 통해 문제는 돈에만 있는 것이 아니라는 사실을 깨달았습니다. 지역 통화에서 지역의 경제 순환을 창출한다고 해도, 순환하는 '상품'의 성립을 추구하지 않으면 부는 지역 바깥으로 흘러갑니다. 진정한 의미에서 지역을 풍요롭게 하기 위해서는 생산의 이상적인 모습을 철저히 추구한 풍요로운 '상품'을 만드는 것이 중요합니다."(와타나베 이타루

「시골 빵쟁이가 '인구 감소 사회의 작용'을 발견하다」『열풍熱風』(2014년 4월호))

더불어 와타나베는 "'썩지 않는 돈'이 지배하는 썩지 않는 경제가 아니라, '썩는 상품'을 순환시키는 경제가 더 풍요롭지 않은가"라고 말했다. 그가 시도한 미래 비전의 일부분을, 앞으로는 사회 시스템으로서 구상해야 할 것이다.

*   *   *

이 책은 '포스트 자본주의'를 주제로 삼고 있는데, 그것은 한편으로 내가 지금껏 연구해온 주제의 큰 축 중 하나인 '정체형 사회'론—그곳에서의 '분배'의 방법을 포함하여—과 깊게 관여한다. 또한 이 책은 머리말에서부터 뚜렷이 드러나듯, 과학론(혹은 생명론)적 관심을 전면에 내세웠다. 이전의 저서에서도 종종 언급했듯이, 나는 당초 법률 전공으로 대학에 입학했지만 (고등학생 시절부터) 철학적 주제에 대한 관심이 압도적으로 컸기에, 3학년이 되자 '과학사 · 과학철학'이라는 전공으로 (주저 없이) 전과한 경험이 있다. 그러한 관심은 그 후에도 쭉 내 안에서 중심을 차지했다. 이 책에서 그러한 문제의식을 자유롭게 전개할 수 있었던 점을 진심으로 고맙게 여기고 있다. 또한 종장에서도 잠깐 언급했듯이, 우연한 기회에 데즈카 오사무의『불새』를

다시 읽은 것이 꽤 큰 인상을 남겼다는 사실을 더불어 기록해 두려 한다.

　마지막으로 이 책이 만들어지기까지 처음 구상 단계에서는 이와나미 신서의 다나카 다로田中太郎 씨와 나카야마 에이키中山英基 씨에게 신세를 졌다. 기획이 시작된 이후에는 (『일본의 사회보장』, 『정체형 사회』를 낼 때도 담당자였던) 가키하라 히로시柿原寬 씨가 아주 정확한 물길을 터 주셨을 뿐 아니라 살뜰한 배려도 아끼지 않았다. 이 자리를 빌려 깊은 감사를 전하고 싶다.

2015년 벚꽃 피는 계절에

히로이 요시노리

역자 후기

'현재'를 살아간다고 생각하지만 사실 인간은 찰나를 살 뿐이지 현재를 사는 것이 아니다. 찰나는 순식간에 과거라는 옷으로 갈아입고 봉인된다. 매 순간 미래는 현재로 탈바꿈하고 현재는 다시 과거로 빨려들어가는 시간의 컨베이어벨트 위에서 살아가는 것이 인간의 숙명이다. 그래서인지 우리의 관심은 대체로 '미래'로 향한다. 그렇다면 미래를 예측하는 것은 불가능할까? 세세한 예측은 어려울지 몰라도 대략적인 미래의 모습을 전망하기란 그리 어렵지 않다고 저자는 말한다.

이 책에서 저자는 인류 역사란 "인구나 경제 규모의 '확대·성장' 시대와 '정체화' 시대의 교체"라고 말한다. 그에 따르면 우리 역사는 크게 세 주기로 나뉜다. 바로 "제1 주기는 약 20만 년 전 우리의 선조인 현생 인류(호모사피엔스)가 등장한 이후의 수렵채집 단계이며, 제2 주기는 약 1만 년 전에 농경이 시작된 이후의 확대·성장기와 그 성숙이며, 제3 주기는 주로 산업혁명 이후 최근 200~300년 전후의 확대·성장기다."

저자는 우리가 지금 맞이할 시대가 제4 주기의 입구일지도 모른다고 조심스레 예측한다. 거대한 주기가 반복되는 것이 역사라면 미래의 모습 또한 어렴풋하게나마 그려볼 수 있을 것

이다. 하지만 대략적인 스케치를 채색하고 세세한 선을 입히는 주체는 다름 아닌 우리 각자의 몫이다. 이때 가장 중요한 것은 어두운 역사를 되풀이하지 않는 것이다.

2011년 일어난 동일본대지진을 두고 전대미문의 대재앙이라고 일컫는 사람이 많지만, 재해 당시 쓰나미가 도달한 경계선상에 세워진 신사는 피해가 적거나 없었다고 한다. 과거 쓰나미 피해를 입은 사람들이 신사의 위치를 통해 미래의 재앙에 대비하라고 후대에 경고한 것이다. 하지만 불행히도 그러한 선대의 메시지는 제대로 전해지지 못했고 악몽은 다시금 반복됐다. 저자는 '천 년 후까지 전해지는 방재'라는 개념을 제시한다.

이 책의 가장 중요한 핵심 용어인 '자본주의'의 미래를 조감적 시점에서 내다볼 수는 없지만, 우리가 바라보아야 할 깃발은 명백하다. 바로 그것은 '인간의 행복이라는 가치'를 기준으로 삼아 '지속 가능한 복지사회'로 나아가는 것이라고 저자는 말한다.

앞서 '컨베이어벨트' 위에서 살아가는 것이 인간의 숙명이라고 이야기했지만 우리는 물건이 아니라 능동적 주체성을 지닌 인간이다. 숙명을 벗어날 수 없겠지만 운명의 활시위를 어디로 겨눌지는 정할 수 있다.

새로운 '자본주의'든, 또 다른 체제가 도입되든 결국 우리가

지향해야 할 사회의 모습은 정해져 있다. 바로 일부 특정한 집단만이 이권을 취하며 행복을 누리는 사회가 아니라 모든 사람이 공평한 기회를 보장받는 사회다. 이 책이 주장하는 바도 그런 연장 선상에 있다고 믿는다.

2016년 12월 20일

옮긴이 박제이

참고문헌

1. 인류사 관련, 2. 자본주의/복지국가론 관련, 3.과학론/생명론 관련 등
3가지로 분류했다.

1. 인류사 관련

이시 히로유키石弘之, 야스다 요시노리安田喜憲, 유아사 다케오湯浅赳男(2001)『환경과 문명의 세계사(環境と文明の世界史)』요센샤 신서洋泉社新書
(2003년 국내 발매. 이하준 역『환경은 세계사를 어떻게 바꾸었는가』경당-역자 주)

이토 순타로伊東俊太郎(1985)『비교문명(比較文明)』도쿄대학출판회東京大学出版会

이토 순타로伊東俊太郎(2013)『변용의 시대 : 과학 · 자연 · 윤리 · 공공(変容の時代 : 科学・自然・倫理・公共)』레이타쿠대학출판회麗澤大学出版会

우치다 료코内田亮子(2007)『인류는 어떤 식으로 진화했는가(人類はどのように進化したか)』게이소쇼보勁草書房

가이후 요스케海部陽介(2005)『인류가 걸어온 길-"문화의 다양화"의 기원을 찾다(人類がたどってきた道─'文化の多様化'の起源を探る)』니혼방송출판협회日本放送出版協会

가라타니 고진柄谷行人(2010)『세계사의 구조(世界史の構造)』이와나미쇼텐岩波書店 (2012년 국내 발매. 조영일 역『세계사의 구조』b-역자 주)

구도 히데아키工藤秀明(2004)「이콜로지 경제학의 순환개념을 위해(エコロジー経済学における循環概念のために)」『치바 대학 경제연구千葉大学経済研究』제19권 제2호

Richard G. Klein, Blake Edgar(2002)『The Dawn of Human Culture』Wiley

스즈키 히데오鈴木秀夫(1976) 『초월자와 풍토(超越者と風土)』 다이메이도大
明堂

Clive Ponting(1991) 『A Green History of the World』 Penguin

Steven Mithen(1996) 『The prehistory of the mind』 Thames and Hudson
(2001년 국내 발매. 스티븐 미슨 저, 윤소영 역 『마음의 역사』 영림카디널-역자 주)

무라카미 야스스케村上泰亮(1998) 『문명의 다계사관(文明の多系史観)』 주오
코론샤中央公論社

모토카와 다쓰오本川達雄(2011) 『생물학적 문명론(生物学的文明論)』 신초샤
新潮社

Karl Jaspers(1964) 『Vom Ursprung und Ziel der Geschichte』 Dt.
Bücherbund (1986년 국내 발매. 칼 야스퍼스 저 『역사의 기원과 목표』 이화여자대학교출
판부-역자 주)

Erich Jantsch(1980) 『The Self-Organizing Universe』 Pergamon Press

야마자키 마사카즈山崎正和(2011) 『세계문명사의 시도(世界文明史の試み)』
주오코론신샤中央公論新社

David Christian(2004) 『Maps of Time: An Introduction to Big History』
University of California Press

Joel E Cohen(1995) 『How many People can the Earth Support?』 Norton

J. Bradford DeLong(1998) 『Estimates of World GDP One Million B.C.-
Present』 http://www.j-bradford-delong.net

Fred Spier(2011) 『Big History and the Future of Humanity』 Wiley-
Blackwell

2. 자본주의/복지국가론 관련

아비코 시게오安孫子誠男『이노베이션 시스템과 제도 변용(イノベーション・システムと制度変容)』지바대학 경제연구총서(8)千葉大学経済研究叢書(8)

Giovanni Arrighi(1994)『The Long Twentieth Century』Verso

이와무라 미쓰루岩村充(2010)『화폐진화론-'성장 없는 시대'의 통화 시스템(貨幣進化論―「成長なき時代」の通貨システム)』신초센쇼新潮選書

Immanuel Wallerstein(1982)『World-Systems Analysis: Theory and Methodology』Sage

Immanuel Wallerstein(1991)『Unthinking Social Science: the Limits of Nineteenth-century Paradigms』Polity Press

Immanuel Wallerstein(2004)『World-Systems Analysis: An Introduction』Duke University Press (2005년 국내 발매. 이매뉴얼 월러스틴 저, 이광근 역『월러스틴의 세계체제 분석』당대-역자 주)

오쿠무라 히로시奥村宏(2013)『회사의 철학(会社の哲学)』도요케이자이신포샤東洋経済新報社

오노 요시야스小野善康(2012)『성숙사회의 경제학(成熟社会の経済学)』이와나미 신서岩波新書

사이토 오사무斎藤修(2008)『비교경제 발전론(比較経済発展論)』이와나미 쇼텐岩波書店 (2013년 국내 발매. 박이택, 김승미 역『비교경제발전론』해남-역자 주)

다카하시 노부아키高橋伸彰, 미즈노 가즈오水野和夫(2013)『아베노믹스는 무엇을 초래할까(アベノミクスは何をもたらすか)』이와나미 쇼텐岩波書店

다치바나키 도시아키橘木俊詔(2013)『'행복'의 경제학(「幸せ」の経済学)』이와나미 현대전서岩波現代全書 (2015년 한국 발매. 백계문 역『다치바나키 도시아키가 이야기하는 행복의 경제학』한울아카데미-역자 주)

다나카 아키히로田中明彦(2003)『새로운 중세(新しい中世)』닛케이비지네스진분코日経ビジネス人文庫

다나카 요코田中洋子(2006)「노동・시간・가족에 대해 다시 생각하다(労働・時間・家族のあり方を考え直す)」, 히로이 요시노리広井良典『'환경과 복지'의 통합(「環境と福祉」の統合)』유희카쿠有斐閣

지구환경 간사이 포럼 순환사회기술부회地球環境関西フォーラム循環社会技術部会(2006)『서비사이징(サービサイジング)』재단법인 쇼에네르기 센터財団法人省エネルギーセンター

니시카와 준西川潤(2011)『글로벌화를 넘어서(グローバル化を超えて)』니혼 케이자이신분 출판사日本経済新聞出版社

니시카와 준西川潤(2014)『신・세계경제입문(新・世界経済入門)』이와나미 신서岩波新書

니시베 마코토西部忠(2011)『자본주의는 어디를 향하고 있는가(資本主義はどこへ向かうのか)』NHK출판

니시베 마코토西部忠(2014)『화폐라는 수수께끼(貨幣という謎)』NHK출판 신서NHK出版新書

히가사 다다시日笠端(1985)『선진국의 도시계획방법에 대한 고찰(先進諸国における 都市計画手法の考察)』교리쓰 출판共立出版

히바타 야스오日端康雄(2008)『도시계획의 세계사(都市計画の世界史)』고단샤 현대신서講談社現代新書

히로이 요시노리広井良典(2001)『정체형 사회(定常型社会)』이와나미 쇼텐岩波書店

히로이 요시노리広井良典(2006)『지속 가능한 복지사회(持続可能な福祉社会)』지쿠마 신서ちくま新書

히로이 요시노리広井良典(2009a)『글로벌 정체형 사회(グローバル定常型社会)』이와나미 쇼텐岩波書店

히로이 요시노리広井良典(2009b)『커뮤니티를 다시 묻다(コミュニティを問いなおす)』지쿠마 신서ちくま新書

히로이 요시노리広井良典(2011)『창조적 복지사회(創造的福祉社会)』지쿠마

신서ちくま新書

히로이 요시노리広井良典(2013)『인구 감소 사회라는 희망(人口減少社会といぅ希望)』아사히센쇼朝日選書

히로이 요시노리広井良典(2015)『생명의 정치학—사회국가·이콜로지·생명윤리(生命の政治学——福祉国家·エコロジー·生命倫理)』이와나미 현대문고岩波現代文庫

후쿠시마 기요히코福島清彦(2011)『국부론에서 행복론으로国富論から幸福論へ』제이무케이리쿄카이税務経理協会

후쿠시 마사히로福士正博(2001)『시민과 새로운 경제학(市民と新しい経済学)』니혼케이자이효론샤日本経済評論社

후쿠시 마사히로福士正博(2009)『완전종사사회의 가능성(完全従事社会の可能性)』니혼케이자이효론샤日本経済評論社

Fernand Braudel(1976)『La Dynamique du capitalisme』Flammarion (2012년 국내 발매. 페르낭 브로델 저, 김홍식 역『물질문명과 자본주의 읽기』갈라파고스—역자 주)

Richard Florida(2002)『The Rise of the Creative Class』Basic Book (2002년 국내 발매. 이길태 역『CREATIVE CLASS 창조적 변화를 주도하는 사람들』전자신문사—역자 주)

Derek Bok(2010)『The Politics of Happiness』Princeton University Press (2011년 국내 발매. 데릭 보크 저, 추홍희 역『행복국가를 정치하라』지안출판사—역자 주)

Karl Polanyi(1944)『The Great Transformation』동양경제신문사 (2009년 국내 발매. 칼 폴라니 저, 홍기빈 역『거대한 전환』길—역자 주)

Angus Maddison(2004)『The world economy: a millennial perspective』Development Centre of the Organisation for Economic Co-operation and Development

Karl Marx『Das Kapital』(카를 마르크스『자본론』—역자 주)

Bernard Mandeville(1714)『The Fables of the Bees』(2014년 국내 발매. 버나드 맨더빌 저, 최윤재 역『꿀벌의 우화』문예출판사—역자 주)

미우라 아쓰시三浦展(2011) 『앞으로의 일본을 위하여 '공유'를 말하자(これからの日本のために 「シェア」の話をしよう)』 NHK출판

미타 무네스케見田宗介(1996) 『현대사회의 이론(現代社会の理論)』 이와나미쇼텐岩波書店

미즈시마 쓰카사水島司(2010) 『글로벌 히스토리 입문(グローバル・ヒストリー入門)』 야마카와 출판사山川出版社

미즈노 가즈오水野和夫(2011) 『끝나지 않는 위기 당신은 세계화의 진실을 보았는가(終わりなき危機 君はグローバリゼーションの真実を見たか)』 니혼케이자이신분 출판사日本経済新聞出版社

미즈노 가즈오水野和夫(2012) 『세계경제의 대조류(世界経済の大潮流)』 오타 출판太田出版

미즈노 가즈오水野和夫(2014) 『자본주의의 종말과 역사의 위기(資本主義の終焉と歴史の危機)』 슈에이샤 신서集英社 新書

미즈노 가즈오水野和夫, 가야노 도시히토萱野稔人(2010) 『초 거시 전망 세계경제의 진실(超マクロ展望 世界経済の真実)』 슈에이샤 신서集英社 新書

미야케 요시오三宅芳夫, 기쿠치 게이스케菊池恵介(2014) 『근대 세계 시스템과 신자유주의 글로벌리즘(近代世界システムと新自由主義グローバリズム)』 사쿠힌샤作品社

무라카미 야스스케村上泰亮(1992) 『반고전의 정치경제학(상), (하)(反古典の政治経済学 (上)(下))』 주오코론샤中央公論社

무라카미 야스스케村上泰亮(1994) 『반고전의 정치경제학 요강(反古典の政治経済学要綱)』 주오코론샤中央公論社

야마기시 도시오山岸俊男(2000) 『사회적 딜레마(社会的ジレンマ)』 PHP연구소

요로 다케시養老孟司, 미야자키 하야오宮崎駿(2008) 『곤충의 눈과 애니메이션의 눈(虫眼とアニ眼)』 신초분코新潮文庫

James Robertson(1998) 『Transforming Economic Life』 Green for The Schumacher Society

와타나베 이타루渡邊格(2013) 『시골 빵집이 찾아낸 '부패하는 경제'(田舎の
パン屋が見つけた「腐る経済」)』고단샤講談社 (2014년 국내 발매. 정문주 역 『시골빵집
에서 자본론을 굽다』 더숲—역자 주)

Bruno Amable(2003) 『The Diversity of Modern Capitalism』 Oxford
University Press

Tony Fitzpatrick, Michael Cahill(2002) 『Environment and Welfare:
Towards a Green Social Policy』 Palgrave Macmillan

Peter A. Hall, David Soskice(2001) 『Varieties of Capitalism』 Oxford
University Press

New Economics Foundation(2002), 『Plugging the Leaks』

OECD(2007) 『Modernising Social Policy for the New Life Course』

Thomas Piketty(2014) 『Capital in the Twenty—First Century』 The Belknap
Press of Harvard University Press (2014년 한국 발매. 토마 피케티 저, 장경덕 역 『21
세기 자본』 글항아리—역자 주)

Kenneth Pomeranz(2000) 『The Great Divergence』 Princeton University
Press (2016년 한국 발매. 케네스 포메란츠 저, 김규태, 이남희, 심은경 역 『대분기』 에코리
브르—역자 주)

Joseph E. Stiglitz, Amartya Sen, Jean—Paul Fitoussi(2010) 『Mismeasuring
Our Lives: Why GDP doesn't Add Up』 The New Press (2011년 한국 발매. 조지프
스티글리츠, 아마트리아 센, 장 폴 피투시 저, 박형준 역 『GDP는 틀렸다』 동녘—역자 주)

World Bank(1994) 『Averting the Old Age Crisis』 Oxford University Press

Lutz et al(2004) 『The End of World Population Growth in the 21st
Century』 Earthscan

3. 과학론/생명론 관련

아오키 가오루青木薫(2013)『우주는 왜 지금과 같은 우주인가(宇宙はなぜこのような宇宙なのか)』고단샤 현대신서講談社現代新書

이무라 히로오井村裕夫(2000)『사람은 왜 병에 걸리나−진화의학의 시점(人はなぜ病気になるのか─進化医学の視点)』이와나미 쇼텐岩波書店

이와사키 히데오岩崎秀雄(2013)『'생명'이란 무엇인가(〈生命〉とは何だろうか)』고단샤 현대신서講談社現代新書

Richard G. Wilkinson(1996)『Unhealthy societies: the afflictions of inequality』Routledge

오타 다니히로太田邦史(2013)『에피게놈과 생명(エピゲノムと生命)』고단샤 블루백스講談社ブルーバックス

오제키 아키라尾関章(2013)『과학을 지금 어떻게 말할까(科学をいまどう語るか)』이와나미 현대전서岩波現代全書

오모리 쇼조大森荘蔵(1985)『지식과 학문의 구조(知識と学問の構造)』니혼방송출판협회日本放送出版協会

Ray Kurzweil(2005)『The Singularity Is Near:When Humans Transcend Biology』Penguin Books (2007년 한국 발매. 레이 커즈와일 저, 김명남, 장시형 역『특이점이 온다』김영사−역자 주)

Michael Gazzaniga(2009)『Human : the science behind what make us unique』Harper Perennial (2009년 한국 발매. 마이클 가자니가 저, 박인균 역『왜 인간인가』추수밭−역자 주)

Leon Kass(2003)『Beyond Therapy: Biotechnology and the Pursuit of Happiness』Harper Perennial

기시모토 요코岸本葉子『삶과 죽음을 둘러싼 단상(生と死をめぐる断想)』주오코론신샤中央公論新社

Charles Coulston Gillispie(1960)『The edge of objectivity: an essay in the

history of scientific ideas』 Princeton University Press (2005년 국내 발매. 찰스 길 리스피 저, 이필렬 역 『객관성의 칼날』 새물결―역자 주)

Lawrence M. Krauss(2013) 『A Universe from Nothing』 Atria Books (2013년 국내 발매. 로렌스 크라우스 저, 박병철 역 『무로부터의 우주』 승산―역자 주)

겐카이겐 편찬限界研編(2013) 『포스트 휴머니티(ポストヒューマニティーズ)』 난운도南雲堂

Alexandre Koyré(1957) 『From Closed World to the Infinite Universe』 Johns Hopkins Press

곤도 가쓰노리近藤克則(2005) 『건강 격차 사회(健康格差社会)』 이가쿠쇼인医学書院

사토 가쓰히코佐藤勝彦(2010) 『인플레이션 우주론(インフレーション宇宙論)』 고단샤 블루백스講談社ブルーバックス

시모무라 도라타로下村 寅太郎 『무한론의 형성과 구조(無限論の形成と構造)』 미스즈쇼보みすず書房

Schrödinger(1944) 『What is Life?』 Cambridge University Press (2007년 국내 발매. 에르빈 슈뢰딩거 저, 전대호 역 『생명이란 무엇인가: 정신과 물질』 궁리―역자 주)

다카세 히토시高世仁, 요시다 가즈시吉田和史, 구마가이 와타루熊谷航 (2012) 『신사는 경고한다(神社は警告する)』 고단샤講談社

Antonio Damasio(1994) 『Descartes' Error』 Harper Perennial (1999년 국내 발매. 안토니오 디마지오 저, 김린 역 『데카르트의 오류』 중앙문화사―역자 주)

Antonio Damasio(2010) 『Self Comes to Mind』 Vintage Books

나카무라 게이코中村桂子, 쓰루미 가즈코鶴見和子(2013) 『사십억 년의 나의 '생명' [생명지와 내발적 발전론](四十億年の私の「生命」〔生命誌と内発的発展論〕)』 후지와라 쇼텐藤原書店

René Descartes(1637) 『Discourse on the Method』 (데카르트 저 『방법서설』―역자 주)

Frans de Waal(2010) 『The Age of Empathy』 McClelland & Stewart

도모노 노리오友野典男(2006)『행동 경제학(行動経済学)』고분샤光文社 (2007년 국내 발매. 이명희 역『행동 경제학』지형-역자 주)

나가사와 데쓰永沢哲(2011)『명상하는 뇌과학(瞑想する脳科学)』고단샤講談社

나카노 도오루仲野徹(2014)『에피제네틱스(エピジェネティクス)』이와나미 신서岩波新書

Robert D. Putnam(2000)『Bowling Alone: The Collapse and Revival of American』Simon & Schuster (2009년 국내 발매. 로버트 D. 퍼트넘 저, 정승현 역『나 홀로 볼링』페이퍼로드-역자 주)

히로이 요시노리広井良典(1992)『미국의 의료 정책과 일본—과학·문화· 경제 인터페이스(アメリカの医療政策と日本—科学·文化·経済のインターフェイス)』게이쇼쇼보勁草書房

히로이 요시노리広井良典(1994)『생명과 시간(生命と時間)』게이쇼쇼보勁草書房

히로이 요시노리広井良典(2005)『케어의 미래, 과학의 미래(ケアのゆくえ 科学のゆくえ)』이와나미 쇼텐岩波書店

히로이 요시노리広井良典(2014)「생명화하는 세계:근대과학 그 앞에(生命化する世界：近代科学のその先へ)」『과학』8월호

히로시게 데쓰廣重徹(1979)『근대과학 재고(近代科学再考)』아사히신분샤朝日新聞社

히로시게 데쓰廣重徹(2003)『과학의 사회사〈하〉경제성장과 과학(科学の社会史〈下〉経済成長と科学)』이와나미 현대문고岩波現代文庫

히로시게 데쓰廣松渉(1972)『세계의 공동주관적 존재구조(世界の共同主観的存在構造)』게이쇼쇼보勁草書房

히로시게 데쓰廣松渉(1991)『생태 사관과 유물 사관(生態史観と唯物史観)』고단샤 학술문고講談社学術文庫

후쿠모토 게이타福元圭太(2001)「일원론의 사거리:에른스트, 헤켈의 사상 (1)(一元論の射程 ： エルンスト・ヘッケルの思想(1))」『언어문화논구13(言語文化論

究13)』

　후지이 나오타카藤井直敬(2009)『이어지는 뇌(つながる脳)』NTT출판

　Ilya Prigogine, Isabelle Stengers(1984)『Order Out of Chaos』Bantam Books

　후루카와 야스古川安(1989)『과학의 사회사(科学の社会史)』난소샤南窓社

　혼다 슈로本多修朗(1981)『현대물리학자의 삶과 철학(現代物理学者の生と哲学)』미라이샤未来社

　마쓰바 히로미松葉ひろ美(2014)「일본의 복지 이상과 생명관(日本の福祉理想と生命観)」지바대학 대학원 입문사회과학연구과 박사학위논문

　마쓰바라 다카히코松原隆彦(2012)『우주에 바깥쪽이 있을까(宇宙に外側はあるか)』코분샤 신서光文社新書

　Eugene Minkowski(1933)『Le temps vecu』D'Artrey

　무라카미 요이치로村上陽一郎(1980)『지식의 혁명사〈4〉생명 사상의 계보(知の革命史〈4〉生命思想の系譜)』아사쿠라 쇼텐朝倉書店

　요코야마 데루오横山輝雄(1986)「힘・엔트로피・생명(力・エントロピー・生命)」오모리 쇼조 외 편찬大森 荘蔵 他 編『신 이와나미 강좌 철학〈6〉물질・생명・인간(新・岩波講座 哲学〈6〉物質・生命・人間)』이와나미 쇼텐岩波書店

　요시다 다다시吉田忠(1980)「과학과 사회(科学と社会)」무라카미 요이치로村上陽一郎『지식의 혁명사 1 과학사의 철학(知の革命史 1 科学史の哲学)』아사쿠라 쇼텐朝倉書店

　요네모토 쇼헤이米本昌平(2010)『시간과 생명(時間と生命)』 쇼세키코보 하야마書籍工房早山

　Vladimir Lenin『Materialism and Empirio-criticism』(레닌 저, 유물론과 경험비판론-역자 주)

　Samuel Bowles, Herbert Gintis(2011)『A Cooperative Species』Princeton University Press (2016년 국내 발매. 새뮤얼 보울스, 허버트 긴티스 저, 최정규, 전용범, 김영용 역『협력하는 종』한국경제신문사-역자 주)

Jennifer Chesworth(1996) 「The Ecology of Health」 Sage Publications

A. Rupert Hall(1983) 「The Revolution in Science 1500−1750」 Longman

Randolph M. Nesse, George C. Williams(1994) 「Why We Get Sick」
Vintage

Richard S. Westfall(1973) 「Science and Religion in Seventeenth−Century
England」 The University of Michigan Press

Stephen C. Stearns(1999) 「Evolution in Health and Disease」 Oxford
University Press

포스트 자본주의

—과학 · 인간 · 사회의 미래—

초판 1쇄 인쇄 2017년 1월 20일
초판 1쇄 발행 2017년 1월 25일

저자 : 히로이 요시노리
번역 : 박제이

펴낸이 : 이동섭
편집 : 이민규, 오세찬, 서찬웅
디자인 : 조세연, 백승주
영업 · 마케팅 : 송정환
e-BOOK : 홍인표, 안진우, 김영빈
관리 : 이윤미

㈜에이케이커뮤니케이션즈
등록 1996년 7월 9일(제302-1996-00026호)
주소 : 04002 서울 마포구 동교로 17안길 28, 2층
TEL : 02-702-7963~5   FAX : 02-702-7988
http://www.amusementkorea.co.kr

ISBN 979-11-274-0453-6 04300
ISBN 979-11-7024-600-8 04080

POSUTO SHIHONSHUGI: KAGAKU, NINGEN, SHAKAI NO MIRAI
by Yoshinori Hiroi
Copyright©2015 by Yoshinori Hiroi
First published 2015 by Iwanami Shoten, Publishers, Tokyo.
This Korean edition published 2017
by AK Communications, Inc., Seoul
by arrangement with the Proprietor c/o Iwanami Shoten, Publishers, Tokyo

이 도서의 국립중앙도서관 출판예정도서목록(CIP)은 서지정보유통지원시스템 홈페이지(http://
seoji.nl.go.kr)와 국가자료공동목록시스템(http://www.nl.go.kr/kolisnet)에서 이용하실 수 있습
니다. (CIP제어번호: CIP2016031952)

잘못된 책은 구입한 곳에서 무료로 바꿔드립니다.